学天教育

最新版 / 二级

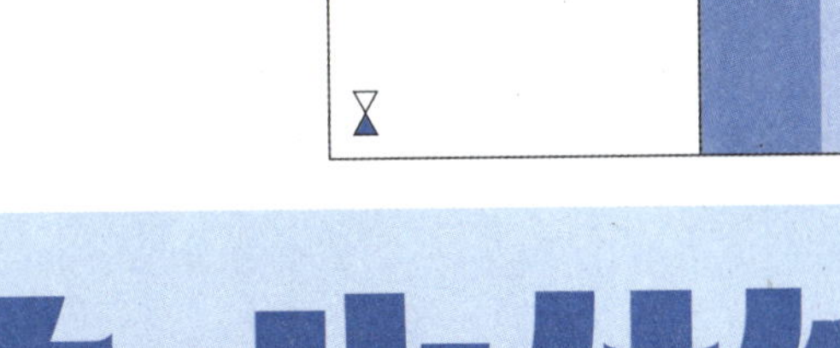

通关必做

建设工程法规及相关知识

学天教育教学研究院 编

学天教育教学研究院成员

主 编：王君雅

顾 问：武海峰

成 员（按姓氏笔画排序）：

马明宇 刘 滢 陆鲜琳

周 建 凌 杰

浙江工商大学出版社

ZHEJIANG GONGSHANG UNIVERSITY PRESS

·杭州·

图书在版编目(CIP)数据

建设工程法规及相关知识 / 学天教育教学研究院编
. — 杭州 : 浙江工商大学出版社 , 2024.9
二级建造师执业资格考试通关必做
ISBN 978-7-5178-5954-3

Ⅰ . ①建… Ⅱ . ①学… Ⅲ . ①建筑法 – 中国 – 资格考试 – 自学参考资料 Ⅳ . ① D922.297.4

中国国家版本馆 CIP 数据核字 (2024) 第 030670 号

二级建造师执业资格考试通关必做　建设工程法规及相关知识

ER JI JIANZAOSHI ZHIYE ZIGE KAOSHI TONGGUAN BIZUO　JIANSHE GONGCHENG FAGUI JI XIANGGUAN ZHISHI

学天教育教学研究院　编

策划编辑　周敏燕
责任编辑　周敏燕
责任校对　沈黎鹏
封面设计　河南天晖卓创文化传播有限公司
责任印制　祝希茜
出版发行　浙江工商大学出版社
（杭州市教工路 198 号　邮政编码 310012）
（E-mail: zjgsupress@163.com）
（网址: http://www.zjgsupress.com）
电话: 0571-88904980, 88831806（传真）
排　　版　学天教育图书出版组
印　　刷　杭州印美捷印务有限公司
开　　本　787 mm × 1092 mm　1/16
印　　张　15
字　　数　255 千
版 印 次　2024 年 9 月第 1 版　2024 年 9 月第 1 次印刷
书　　号　ISBN 978-7-5178-5954-3
定　　价　50.00 元

前言

PREFACE

为满足我国建筑业快速发展、规模不断扩大的需求，以及加快产业升级，2002年原人事部和建设部联合颁发了《建造师执业资格制度暂行规定》（人发〔2002〕111号），对从事建设工程项目总承包及施工管理关键岗位的专业技术人员实行建造师执业资格制度。我国的建筑业企业应对标世界一流的施工企业，深入查找薄弱环节，健全工作制度、完善运行机制、优化管理流程、明确岗位职责，加强管理体系建设和管理能力建设，加强建设工程的项目管理，全面提升管理能力和水平。

实行建造师执业资格制度后，我国大中型工程施工项目负责人由取得注册建造师资格的人士担任，以提高工程施工管理水平，保证工程质量和安全。建造师是懂管理、懂技术、懂经济、懂法规，综合素质较高的综合型人才，既有理论水平，又有丰富的实践经验和较强的组织能力。二级建造师执业资格考试总共有三门考试科目：建设工程施工管理、建设工程法规及相关知识以及对应的专业工程管理与实务（包括建筑工程、市政公用工程、机电工程、公路工程、水利水电工程和矿业工程）。考核的目的就是选取符合要求的注册建造师。

本书主要以提供练习题为主，共分为三部分：夯实基础、巩固提升和参考答案及解析。第一部分夯实基础是为各章节精选的练习题，分为单选题和多选题，共约260题；第二部分巩固提升是三套通关必做卷，包括基础阶段测试、进阶阶段测试、冲刺阶段测试，共240题；第三部分是参考答案及解析，学员可以依照本书编纂顺序来学习。本书可以作为学员在学习过程中的查漏补缺以及巩固提高用，以便更好地备考复习，冲刺通关考试。

最后预祝各位考生都能通过考试，取得二级建造师执业资格证书，成为懂法规、通技术、善管理的工程管理人员，为我国建筑行业添砖加瓦，作出自己的一番贡献。

学天教育教学研究院

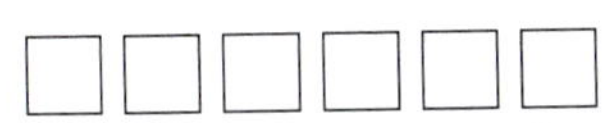

锲而不舍，金石可镂。

祝2025年二建学员一次通关！

签名人：武海峰

新大纲，新内容，清晰告诉你备考重点在哪里

分值分布表

二级建造师《建设工程法规及相关知识》分值分布表

章 节		预计分值
第1章	1.1 建设工程法律基础	2
	1.2 建设工程物权制度	4
	1.3 建设工程知识产权制度	1
	1.4 建设工程侵权责任制度	4
	1.5 建设工程税收制度	1
	1.6 建设工程行政法律制度	3
	1.7 建设工程刑事法律制度	3

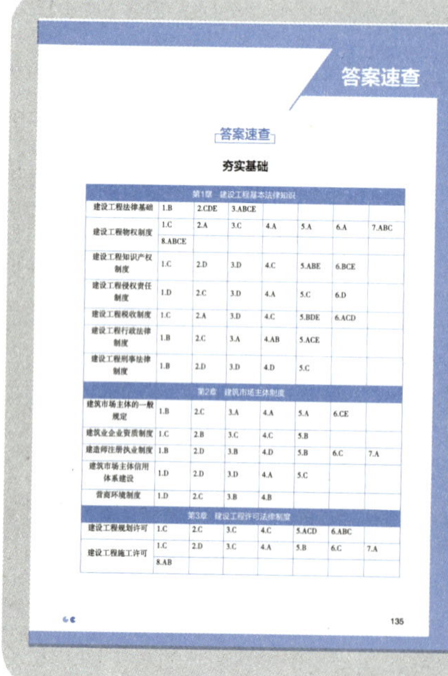

答案速查

答案速查

夯实基础

第1章 建设工程基本法律知识							
建设工程法律基础	1.B	2.CDE	3.ABCE				
建设工程物权制度	1.C	2.A	3.C	4.A	5.A	6.A	7.ABC
	8.ABCE						
建设工程知识产权制度	1.C	2.D	3.D	4.C	5.ABE	6.BCE	
建设工程侵权责任制度	1.D	2.C	3.D	4.A	5.C	6.D	
建设工程税收制度	1.C	2.A	3.D	4.C	5.BDE	6.ACD	
建设工程行政法律制度	1.B	2.C	3.A	4.AB	5.ACE		
建设工程刑事法律制度	1.B	2.D	3.D	4.D	5.C		
第2章 建筑市场主体制度							
建筑市场主体的一般规定	1.B	2.C	3.A	4.A	5.A	6.CE	
建筑业企业资质制度	1.C	2.B	3.C	4.C	5.B		
建造师注册执业制度	1.B	2.D	3.B	4.D	5.B	6.C	7.A
建筑市场主体信用体系建设	1.D	2.D	3.D	4.A	5.C		
营商环境制度	1.D	2.C	3.B	4.B			
第3章 建设工程许可法律制度							
建设工程规划许可	1.C	2.C	3.C	4.C	5.ACD	6.ABC	
建设工程施工许可	1.C	2.D	3.C	4.A	5.B	6.C	7.A
	8.AB						

135

答案速查

方便学员快速核对答案

题目标识

二、多项选择题

2. 法的形式包括（　　）含义。【必会】

A.法律规范的内部表现形式

B.法律规范的时间效力

C.法律规范创制机关的性质与级别

D.法律规范的效力等级

E.法律规范的地域效力

3. 关于法的效力层级的说法，正确的有（　　）。【必会】

A.自治条例依法对法律、行政法规、地方性法规做变通规定的，在本自治地方适用自治条例的规定

B.宪法是国家的根本大法，具有最高的法律效力

C.法律之间对同一事项的新的一般规定与旧的特别规定不一致的，不能确定如何适用时由全国人民代表大会常务委员会裁决

D.行政法规的法律效力仅次于宪法

E.省、自治区、直辖市的人民代表大会及其常务委员会制定的地方性法规，报全国人民代表大会常务委员会和国务院备案

标识学习重难点，有助于学员分辨每个题目的重要程度，更好地夯实基础

三套测试卷

通关必做卷一（基础阶段测试）

试卷总分：100分

一、单项选择题（共60题，每题1分，每题的备选项中，只有1个最符合题意）

1. 下列关于法的表述，正确的是（　　）。

A.案例是我国法的形式

B.行政法规效力高于法律

C.地方性法规与部门规章冲突由国务院裁定

D.公民认为行政法规同宪法或法律抵触的，可以向全国人大常委会提出审查

2. 根据授权制定的法规与法律冲突，由（　　）裁决。

A.最高人民法院　　B.国务院

C.全国人民代表大会　　D.全国人民代表大会常务委员会

卷子依照基础、进阶、冲刺阶段排序，与夯实基础题目相呼应，考查学员对题目的掌握程度，助力学员提升自我水平，取得更高分值

根据每个章节的考题，重点突出本章节重要内容，让学员吃透考点，谐音、速记便于学员加深记忆

知识点睛

①《招投标法》属于民法商法、《建筑法》属于经济法、《劳动法》属于社会法。

②法的形式四层含义：创制机关、外部形式、效力等级、地域效力（【谐音】窗外小弟）。

③效力层级：宪法＞法律＞行政法规＞地方性法规＞本级或下级地方政府规章；部门规章与地方政府规章具有同等效力。

二级建造师《建设工程法规及相关知识》分值分布表

章节		预计分值
第1章	1.1　建设工程法律基础	2
	1.2　建设工程物权制度	4
	1.3　建设工程知识产权制度	1
	1.4　建设工程侵权责任制度	4
	1.5　建设工程税收制度	1
	1.6　建设工程行政法律制度	2
	1.7　建设工程刑事法律制度	2
第2章	2.1　建筑市场主体的一般规定	1
	2.2　建筑业企业资质制度	1
	2.3　建造师注册执业制度	4
	2.4　建筑市场主体信用体系建设	3
	2.5　营商环境制度	1
第3章	3.1　建设工程规划许可	3
	3.2　建设工程施工许可	2
第4章	4.1　建设工程发承包的一般规定	1
	4.2　建设工程招标投标制度	5
	4.3　非招标采购制度	3
第5章	5.1　合同的基本规定	2
	5.2　建设工程施工合同的规定	3
	5.3　相关合同制度	3
第6章	6.1　建设单位和相关单位的安全责任制度	2
	6.2　施工安全生产许可证制度	1
	6.3　施工单位安全生产责任制度	9
	6.4　施工现场安全防护制度	3
	6.5　施工生产安全事故的应急救援与调查处理	2
	6.6　政府主管部门安全生产监督管理	1

续表

章节		预计分值
第7章	7.1 工程建设标准	1
	7.2 无障碍环境建设制度	3
	7.3 建设单位及相关单位的质量责任和义务	3
	7.4 施工单位的质量责任和义务	1
	7.5 建设工程竣工验收制度	3
	7.6 建设工程质量保修制度	1
第8章	8.1 建设工程环境保护制度	2
	8.2 施工中历史文化遗产保护制度	1
第9章	9.1 劳动合同制度	4
	9.2 劳动用工和工资支付保障	1
	9.3 劳动安全卫生和保护	1
	9.4 工伤保险制度	1
	9.5 劳动争议的解决	1
第10章	10.1 建设工程争议和解、调解制度	1
	10.2 仲裁制度	3
	10.3 民事诉讼制度	3
	10.4 行政复议制度	1
	10.5 行政诉讼制度	2

目录

CONTENTS

第二部分 巩固提升

第三部分 参考答案及解析

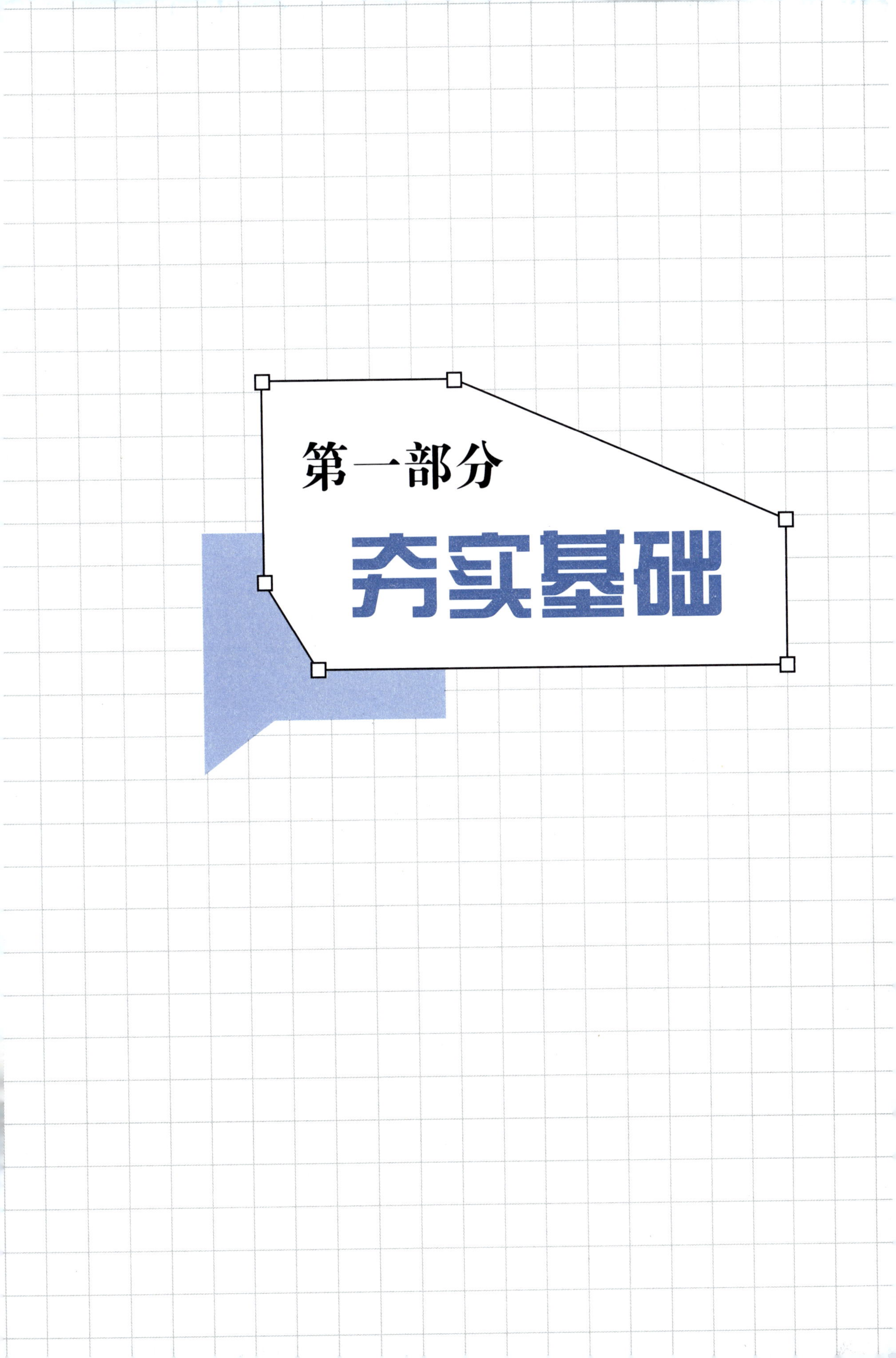

第一部分

夯实基础

第1章 建设工程基本法律知识

考情解密

本章内容为法律法规的基础性知识，属于普法教育，是二建法规考试最难的几章之一，内容艰涩难懂，学习难度大，而且考点覆盖面广，知识点考查细致，考查方式多样，提高了学员的学习难度，但是预估本章依旧是二建法规分值占比较高的几章之一，故学员们在复习备考过程中，要格外重视，并且特别注意建设工程物权制度、建设工程侵权责任制度、建设工程行政法律制度等相关内容。

各节名称	预计分值	本章重点
建设工程法律基础	2	（1）纵向效力、横向效力、备案审查。 （2）物权的设立、变更、转让、消灭。 （3）用益物权、担保物权。 （4）专利权、著作权、商标权。 （5）建筑物和物件损害责任。 （6）企业增值税。 （7）行政处罚、行政强制。 （8）刑罚种类、工程常见罪名。
建设工程物权制度	4	
建设工程知识产权制度	1	
建设工程侵权责任制度	4	
建设工程税收制度	1	
建设工程行政法律制度	2	
建设工程刑事法律制度	2	

1.1 建设工程法律基础

Tips：平均考核2分。强力预测考核：2个单选或1个多选。

一、单项选择题

1. 下列关于法律体系的说法正确的是（　　）。【必会】

A.民法是规定并调整不平等公民间、法人间及公民及法人间的财产关系和人身关系的法律规范的总称

B.我国采用的是民商合一的立法模式，商法被认为是民法的特别法和组成部分

C.经济法是调整行政主体在行使行政职权和接受行政法治监督过程中而与行政相对

人、行政法监督主体之间发生的各种关系

D.在我国法律体系中，根据制定主体的不同，可以划分为不同的部门法

二、多项选择题

2. 法的形式包括（　　）含义。【必会】

A.法律规范的内部表现形式

B.法律规范的时间效力

C.法律规范创制机关的性质及级别

D.法律规范的效力等级

E.法律规范的地域效力

3. 关于法的效力层级的说法，正确的有（　　）。【必会】

A.自治条例依法对法律、行政法规、地方性法规做变通规定的，在本自治地方适用自治条例的规定

B.宪法是国家的根本大法，具有最高的法律效力

C.法律之间对同一事项的新的一般规定与旧的特别规定不一致的，不能确定如何适用时由全国人民代表大会常务委员会裁决

D.行政法规的法律效力仅次于宪法

E.省、自治区、直辖市的人民代表大会及其常务委员会制定的地方性法规，报全国人民代表大会常务委员会和国务院备案

知识点睛

①《招投标法》属于民法商法、《建筑法》属于经济法、《劳动法》属于社会法。

②法的形式四层含义：创制机关、外部形式、效力等级、地域效力（【谐音】窗外小弟）。

③效力层级：宪法>法律>行政法规>地方性法规>本级或下级地方政府规章；部门规章与地方政府规章具有同等效力。

1.2　建设工程物权制度

Tips：平均考核 4 分。强力预测考核：2 个单选和 1 个多选。

一、单项选择题

1. 关于所有权的说法，正确的是（　　）。【必会】
   A.所有权在法律上受到绝对保护，任何权利都不能限制所有权
   B.所有权的权能包括占有权、居住权、处分权
   C.占有权是行使物的使用权的前提条件，是所有权人行使财产所有权的一种方式
   D.使用权包括对所有物的收益权
2. 关于不动产物权的说法，正确的是（　　）。【必会】
   A.设立不动产物权，除法律另有规定外，依法登记发生效力
   B.依法应当登记的不动产物权，自申请不动产登记时发生效力
   C.不动产物权的变更，无须登记
   D.不动产物权的登记，由建设行政主管部门办理
3. 关于建设用地使用权的说法，正确的是（　　）。【必会】
   A.设立建设用地使用权，可损害已经设立的用益物权
   B.建设用地使用权的设立可以采取转让方式
   C.建设用地使用权流转时，附着于该土地上的建筑物、构筑物及附属设施应一并处分
   D.建设用地使用权期间届满的，自动续期
4. 预告登记后，未经预告登记的权利人同意，处分该不动产的，产生的法律效果为（　　）。【熟悉】
   A.不发生物权效力
   B.预告登记失效
   C.权利人善意取得不动产物权
   D.通知预告登记人后，可以产生不动产物权变动的效果
5. 关于抵押权的说法，正确的是（　　）。【必会】
   A.以动产抵押的，抵押权自合同生效时设立

B.抵押权可以与债权分离而单独转让

C.同一财产向两个以上债权人抵押，抵押权未登记的，拍卖的抵押财产所得的价款按照抵押合同订立的顺序清偿

D.同一财产向两个以上债权人抵押的，拍卖抵押财产所得的价款按照登记的债权比例清偿

6. 关于抵押的说法，正确的是（　　）。【熟悉】

A.当事人可以在抵押合同中约定抵押担保的范围

B.抵押人没有义务妥善保管抵押物并保证其价值不变

C.转让抵押物的价款只需高于担保债权即可

D.抵押权可以与其担保的债权分离而单独转让

二、多项选择题

7. 关于不动产物权设立的说法，正确的有（　　）。【必会】

A.不动产物权变动未经登记，不影响当事人之间订立的消灭不动产物权合同的效力

B.依法属于国家所有的自然资源，所有权可以不登记

C.不动产物权登记由不动产所在地的登记机构办理

D.不动产物权的设立属自愿登记

E.不动产物权自合同成立时设立

8. 下列权利中，可以依照规定办理登记的有（　　）。【必会】

A.集体土地所有权

B.地役权

C.抵押权

D.留置权

E.建设用地使用权

知识点睛

<table>
<tr><td rowspan="2">不动产物权</td><td>所有权</td><td rowspan="2">自登记时生效（不动产所在地办理登记）</td></tr>
<tr><td>抵押权</td></tr>
<tr><td colspan="3">【例外1】地役权合同生效时设立，未经登记不得对抗善意第三人</td></tr>
<tr><td colspan="3">【例外2】依法属于国家所有自然资源，可以不登记</td></tr>
</table>

动产物权	所有权	自交付时生效
	质权	
【例外】动产抵押合同生效时设立，未经登记不得对抗善意第三人		

用益物权设立总结		
土地承包经营权	合同生效设立	【速记】土地建住宅，同同记记法
地役权	合同生效设立	
建设用地使用权	登记设立	
居住权	登记设立	
宅基地使用权	依法设立	

①动产抵押权合同生效时设立，动产物权的变动交付时生效，动产质权交付时设立；

②抵押（动产、不动产）不转移占有，质权（动产、权利）一般转移占有。

1.3　建设工程知识产权制度

Tips：平均考核 1 分。强力预测考核：1 个单选或 1 个多选。

一、单项选择题

1. 关于著作权保护期的说法，正确的是（　　）。【必会】

A.作者的署名权、修改权、保护作品完整权的保护期为作者终生及其死后50年

B.公民的作品，其发表权、使用权和获得报酬权的保护期不受限制

C.法人或者其他组织的作品的发表权、使用权、获得报酬权的保护期为50年

D.法人或者其他组织的作品，自创作完成后30年内未发表的，不再受《著作权法》保护

2. 根据《专利法》的规定，下列属于专利权保护对象的是（　　）。【必会】

A.商业秘密　　　　B.植物新品种

C.集成电路分布图　　　　D.外观设计

3. 属于外观设计专利特有的要求是（　　）。【必会】

A.实用性　　B.新颖性

C.创造性　　D.富有美感

4. 关于商标专用权的说法，正确的是（　　）。【必会】

A.商标专用权是一种有形财产权

B.转让注册商标的，由转让人向商标局提出申请

C.注册商标的有效期为10年

D.商标专用权的有效期自提出申请之日起计算

二、多项选择题

5. 下列著作权的权利内容中，保护期不受限制的有（　　）。【熟悉】

A.署名权　　B.修改权

C.发表权　　D.使用权

E.保护作品完整权

6. 授予专利权的发明和实用新型，应当具备（　　）。【必会】

A.排他性　　B.新颖性

C.创造性　　D.先进性

E.实用性

知识点睛

①专利和著作权不能续期，商标可以续期。

②三类专利权共同的授予条件是新颖性，发明和实用新型还具有创造性和实用性，外观设计要求富有美感和适于工业应用。

③著作权中的发表、使用和获得报酬权有期限，署名、修改和保护作品完整权不受限制，计算机软件属于著作权。

1.4 建设工程侵权责任制度

Tips: 平均考核4分。强力预测考核：4个单选。

单项选择题

1. 武氏商场委托陈陈广告公司制作了一款宣传企业形象的广告牌，并由陈陈广告公司负责安装在商场外墙。某日风大，广告牌被吹落砸伤过路人魏某，经查，广告牌的安装存在质量问题。关于魏某的损害由（　　）。【必会】

A.武氏商场和陈陈广告公司承担连带责任

B.陈陈广告公司承担责任

C.属于不可抗力，魏某自行承担

D.武氏商场承担，可以向陈陈广告公司追偿

2. 建筑物倒塌造成他人损害的，由（　　）承担连带责任。【必会】

A.所有人和建设单位　　B.使用人和建设单位

C.建设单位和施工企业　　D.管理人和施工企业

3. 关于从建筑物中抛掷物品致人损害责任承担的说法，正确的是（　　）。【必会】

A.由物业服务企业承担侵权责任

B.由侵权人和物业服务企业共同承担侵权责任

C.由建筑物的所有使用人共同给予补偿

D.难以确定具体侵权人的，由可能加害的建筑物使用人给予补偿

4. 关于建筑物和物件损害责任的说法，正确的是（　　）。【必会】

A.窨井等地下设施造成他人损害，管理人不能证明尽到管理职责的，应当承担侵权责任

B.堆放物倒塌造成他人损害，堆放人应承担侵权责任

C.从建筑物抛掷物品造成他人损害，由侵权人和建筑物使用人承担连带责任

D.物业服务企业未对从建筑物中抛掷物品采用必要的安全保障措施的，应当承担全部侵权责任

5. 关于产品责任的说法，正确的是（　　）。【必会】

A.缺陷产品的生产者承担责任，适用过错责任原则

B.被侵权人只能向产品生产者要求赔偿损失

C.产品生产者有权以未将产品投入流通进行抗辩

D.产品责任不适用惩罚性赔偿

6. 某批冷冻海鲜由甲公司生产，乙公司运输，丙公司销售。因乙公司运输车辆冷藏设备故障造成该批海鲜变质，张某从丙公司购买，食用后中毒。根据《民法典》，下列说法正确的是（　　）。【必会】

A.张某只能向甲公司请求赔偿

B.张某只能向乙公司请求赔偿

C.张某只能向丙公司请求赔偿

D.张某既可以向甲公司，也可以向丙公司请求赔偿

知识点睛

①建筑物倒塌，建设单位与施工单位承担连带责任。

②建筑物和物件损害责任一般采用过错推定责任。

1.5 建设工程税收制度

Tips：平均考核 1 分。强力预测考核：1 个单选或 1 个多选。

一、单项选择题

1. 根据《增值税暂行条例》，下列进项税额中，准予从销项税额中抵扣的是（　　）。【必会】

A.非正常损失的购进货物

B.用于集体福利的购进货物

C.从销售方取得的增值税专用发票上注明的增值税额

D.用于个人消费的购进不动产

2. 关于环境保护税的纳税人的说法，正确的是（　　）。【必会】

A.在中华人民共和国领域，直接向环境排放应税污染物的企业是环境保护税的纳税人

B.企业向依法设立的污水集中处理、生活垃圾集中处理场所排放应税污染物，仍需缴纳环境保护税

C.纳税人综合利用的固体废物，符合国家和地方环境保护标准的，仍需要缴纳环境保护税

D.纳税人排放应税大气污染物或者水污染物的浓度值低于国家和地方规定的污染物排放标准50%的，减按75%征收环境保护税。

3. 下列项目中，不能免征增值税的是（　　）。【必会】

A.古旧图书　　B.直接用于科学研究的进口仪器

C.外国政府无偿援助的进口物资　　D.粮油公司销售的农产品

4. 下列情形中，暂予免征环境保护税的是（　　）。【必会】

A.规模化农业养殖排放应税污染物的

B.铁路机车运输的设备排放应税污染物的

C.依法设立的城乡污水集中处理场所排放相应应税污染物，不超过国家和地方规定的排放标准的

D.纳税人综合利用固体废物的

二、多项选择题

5. 关于增值税应纳税额计算的说法，正确的有（　　）。【熟悉】

A.纳税人兼营不同税率的项目，未分别核算销售额的，从低适用税率

B.当期销项税额小于当期进项税额不足抵扣时，其不足部分可以结转下期继续抵扣

C.应税销售行为的购买方为消费者个人的，可以开具增值税专用发票

D.当期销项税额抵扣当期进项税额后的余额是应纳税额

E.应纳销售行为适用于免税规定的，不得开具增值税专用发票

6. 根据《环境保护税法》有关规定，环境保护税的计税依据有（　　）。【熟悉】

A.排放量　　B.个数

C.污染当量数　　D.超标分贝数

E.立方米数

知识点睛

①不得扣除：简易计税、免税、个人消费、非正常损失、集体福利购进（【谐音】减免个飞机）。

②准予扣除：增值税专用发票、专用缴款书、农产品发票扣除率、完税凭证（【速记】票书率证）。

1.6 建设工程行政法律制度

Tips：平均考核 2 分。强力预测考核：1 个单选或 1 个多选。

一、单项选择题

1. 关于《行政法》基本原则的说法，正确的是（　　）。【熟悉】

A.行政合理性原则的基本内涵包括比例原则和公众参与两个方面

B.依法行政原则是行政法的首要原则

C.依据高效便民原则，行政主体在必要情况下可以进行“钓鱼执法”

D.依据程序正当原则，行政主体对其作出的行政行为不得任意反悔

2.《行政法》的比例原则含义是（　　）。【熟悉】

A.行政主体的行政职权必须由法律予以规定

B.行政主体不得为了自身的利益欺骗行政相对人

C.实施行政行为应当兼顾行政目标的实现和适当性手段的选择

D.行政主体应当平等地、无偏私地行使行政权

3. 关于行政强制的说法，正确的是（　　）。【必会】

A.行政强制包括行政强制措施和行政强制措施执行

B.行政强制措施可以对公民的人身自由实施长期性限制

C.代履行属于行政制度措施的一种

D.行政机关作出强制执行决定前，无须事先催告当事人履行义务

二、多项选择题

4. 下列事项中，可以设定行政许可的有（　　）。【熟悉】

A.有限自然资源开发利用，需要赋予特定权利的

B.企业或者其他组织的设立，需要确定主体资格的

C.市场竞争机制能够有效调节的

D.行业组织能够自律管理的

E.行政机关采用事后监督等其他行政管理方式能够解决的

5. 根据《行政处罚法》规定，地方政府规章可以设定的行政处罚是（　　）。【熟悉】

A.警告　　B.责令停产停业

C.通报批评　　D.行政拘留

E.一定数额罚款

知识点睛

①可以不设定：自主决定、有效调节、自律管理、事后监督（【速记】自调自监）。

②行政强制措施包括冻结、扣押、限制人身、查封（【谐音】洞口献茶），其他种类一般属于行政强制执行。

③不予处罚：不满14周岁、2年未发现、精神病、残疾人、轻微、无过错。

1.7　建设工程刑事法律制度

Tips：平均考核2分。强力预测考核：2个单选。

单项选择题

1. 下列法律责任中，属于刑事责任的是（　　）。【必会】

A.罚款　　B.没收财产

C.没收违法所得　　D.行政拘留

2. 根据《刑法》，下列刑事责任中，属于主刑的是（　　）。【熟悉】

A.罚金　　B.没收财产

C.驱逐出境　　D.拘役

3. 根据《刑法》规定，下列有关减刑、假释适用对象的说法中，正确的是（　　）。【熟悉】

A.减刑只适用于被判处有期徒刑和无期徒刑的犯罪分子

B.减刑不适用于累犯

C.假释只适用于被判处管制、拘役和有期徒刑的犯罪分子

D.假释不适用于累犯

4. 在生产、作业中违反有关安全管理的规定，因而发生重大伤亡事故或者造成其他严重后果，应受刑罚处罚的，构成（　　）。【必会】

A.工程重大安全事故罪　　B.重大劳动安全事故罪

C.以危险方法危害公共安全罪　　D.重大责任事故罪

5. 施工企业发生的下列事故中，可构成工程重大安全事故罪的是（　　）。【熟悉】

A.劳务作业人员王某在施工中不慎从楼上坠亡

B.施工企业对裸露地面的钢筋未采取防护和警示措施，造成路人李某摔成重伤

C.施工企业工程施工质量不符合标准，造成建筑倒塌，砸死砸伤多人

D.劳务作业人员张某在工地食堂下毒，致使劳务作业人员集中中毒

知识点睛

①拘留、罚款、没收违法所得、没收非法财物属于行政处罚；拘役、罚金、没收财产属于刑事责任；②重大责任事故罪：违规操作+重大伤亡；重大劳动安全事故罪：设施或条件不符合+重大伤亡；工程重大安全事故罪：质量问题+重大事故。

自　首	①可以从轻或者减轻处罚；②犯罪较轻的，可以免除处罚
立　功	①一般立功：可以从轻或者减轻处罚；②重大立功：可以减轻或者免除处罚
累　犯	应当从重处罚，不得缓刑、不得假释

	缓　刑	减　刑	假　释
适用对象	拘役、3年以下有期徒刑	管制、拘役、有期徒刑、无期徒刑	有期徒刑、无期徒刑
【速记】缓三（年）减四（类）假七（有期、无期）			

第2章 建筑市场主体制度

考情解密

本章内容主要涉及建筑行业中的相关主体，预计分值占比较高，但是本章内容属于工程行业的基本常识，作为工程人员，学员应当掌握，并且本章内容考点相对集中，学习难度并不大，故也要求学员掌握。在学习过程中学员要尤其注意建筑市场主体的一般规定、建造师注册执业制度、建筑市场主体信用体系建设和营商环境制度等相关内容。

各节名称	预计分值	本章重点
建筑市场主体的一般规定	1	（1）自然人、法人、违法代理的法律责任。 （2）施工资质的申请、延续和变更。 （3）建造师的执业、建造师基本权利和义务。 （4）各方主体不良行为记录认定标准。 （5）优化营商环境专项整治工作。
建筑业企业资质制度	1	
建造师注册执业制度	4	
建筑市场主体信用体系建设	3	
营商环境制度	1	

2.1 建筑市场主体的一般规定

Tips：平均考核1分。强力预测考核：1个单选或1个多选。

一、单项选择题

1. 某施工企业是法人，关于该施工企业应当具备条件的说法，正确的是（　　）。【熟悉】

A.该施工企业能够自然产生　　B.该施工企业能够独立承担民事责任

C.该施工企业的法定代表人是法人　　D.该施工企业不必有自己的住所、财产

2. 关于法人在建设工程中的地位的说法，正确的是（　　）。【熟悉】

A.建设单位应当具备法人资格

B.建设工程中的法人可以不具有民事行为能力

C.非营利法人可以成为建设单位

D.建设单位应当独立承担民事责任

3. 关于法人类型的说法，正确的是（　　）。【必会】

A.法人分为营利法人、非营利法人和特别法人

B.营利法人的设立无须登记

C.特别法人是指农村集体经济组织法人

D.非营利法人包括机关法人、事业单位、社会团体

4. 下列情形中，不能导致建设工程代理行为终止的是（　　）。【必会】

A.代理人的法定代表人死亡的　　B.代理期限届满的

C.被代理人取消委托的　　D.作为代理人的组织终止的

5. 下列情形中，建设工程代理行为终止的是（　　）。【必会】

A.代理事务完成　　B.被代理人暂停委托

C.作为代理人的自然人病重　　D.作为被代理人的法人进入破产重整程序

二、多项选择题

6. 关于法定代表人的说法，正确的有（　　）。【必会】

A.公司章程对法定代表人权利的限制，可以对抗善意第三人

B.因过错履行职务行为损害他人，由法定代表人承担责任

C.法定代表人代表法人从事民事活动

D.法定代表人为特别法人

E.法人应当有法定代表人

知识点睛

①法定代表人是自然人，法人是组织，法定代表人职务行为，由法人承担。

②大中型项目应当有项目经理部，而非大中型企业，所有的项目应当有项目经理。

③被代理人丧失民事行为能力，委托代理关系不终止。

④一人有错自己承担责任，两人有错承担连带责任。

⑤表见代理属于无权代理，产生有权效果。

⑥申领施工许可证易错点：拆迁进度符合施工要求，不要求已完成；资金要求落实承诺书，不要求已经到位。

⑦适用未开工的情况：延期两次为限，每次不超过3个月。

⑧适用已开工的情况：中止施工一个月要报告，一年要核验。

2.2 建筑业企业资质制度

Tips：平均考核1分。强力预测考核：1个单选题。

单项选择题

1. 关于建筑业企业资质的说法，正确的是（　　）。【必会】

A.企业只能申请一项建筑业企业资质

B.企业申请建筑业企业资质的，应当提交纸质申请材料

C.企业资质证书有效期为5年

D.建筑业企业施工劳务资质采用审批制

2. 施工企业在申请之日起前1年至资质许可决定作出前，资质许可机关不予批准的建筑业企业资质升级的情形是（　　）。【熟悉】

A.注册资本发生变更的　　B.将承包的工程转包或者违法分包的

C.被投诉、举报的　　D.不与分包单位结算的

3. 根据《建设工程企业资质管理制度改革方案》，关于施工企业资质类别和等级的说法，正确的是（　　）。【必会】

A.施工总承包甲级资质可以承担各行业、各等级施工总承包业务

B.专业承包资质和专业作业资质不分等级

C.专业作业资质由审批制改为备案制

D.施工总承包乙级资质承包业务规模不受限制

4. 根据《建筑业企业资质管理规定》，关于施工企业资质证书的说法，正确的是（　　）。【必会】

A.资质许可机关未在企业资质证书有效期届满前作出是否准予延续资质证书决定的，视为不准予延续

B.企业发生合并、分立、重组以及改制等事项，可以直接承继原施工企业资质

C.项目未取得施工许可证，施工企业擅自施工的，资质许可机关不予批准该施工企业的资质升级申请和增项申请

D.资质证书有效期届满，未依法申请延续的，资质许可机关应当撤回其资质证书

5. 资质许可机关应当注销建筑业企业资质的情形是（　　）。【熟悉】

A.施工企业发生合并、分立、重组以及改制的

B.施工企业资质证书有效期届满，未依法申请延续的

C.施工企业被责令停产整顿的

D.施工企业名称、地址、法定代表人发生变更的

知识点睛

①企业资质证书有效期5年，本科目其他证书有效期一般为3年。

②撤销证书：原本不具备相应资质条件而取得证书，即发证前的错。

③注销证书：证书失效或企业终止。

2.3　建造师注册执业制度

Tips：平均考核 4 分。强力预测考核：4 个单选题。

单项选择题

1. 关于注册建造师延续注册的说法，正确的是（　　）。【必会】

A.延续注册申请应当在注册有效期满前3个月内提出

B.延续注册有效期为3年

C.申请延续注册只需要提供原注册证书

D.延续注册执业期间不能申请变更注册

2. 关于二级建造师变更注册的说法，正确的是（　　）。【熟悉】

A.变更注册后，注册有效期重新计算

B.因变更注册申报不及时导致工程项目出现损失的，由注册建造师承担责任

C.变更注册只能由原聘用企业申请

D.申请变更注册应当提交工作调动证明

3. 根据《注册建造师管理规定》，申请人申请注册的下列情形中不予注册的是（ ）。【必会】

A.因执业活动受到刑事处罚，自刑事处罚完毕之日起至申请注册之日止已满7年的

B.申请人的聘用单位不符合注册单位要求的

C.年龄超过60周岁的

D.被吊销注册证书，自处罚决定之日起至申请注册之日止已满3年的

4. 关于取得二级建造师资格证书的人员申请注册的说法，正确的是（ ）。【熟悉】

A.注册不受年龄的限制

B.可以申请在两个单位注册

C.受到的刑事处罚与执业活动无关的，不影响注册

D.聘用单位不符合注册单位要求的，不予注册

5. 根据《注册建造师执业管理办法（试行）》，注册建造师担任施工项目负责人期间发生的下列情形中，应当在办理书面交接手续后更换施工项目负责人的是（ ）。【熟悉】

A.承包人同意更换项目负责人的

B.发包人与注册建造师受聘企业已经解除承包合同的

C.注册建造师本人不愿继续担任项目负责人的

D.担任项目负责人的施工项目暂时停工的

6. 关于二级建造师执业岗位的说法，正确的是（ ）。【必会】

A.二级建造师可以在设计单位担任注册结构工程师

B.二级建造师只能受聘并注册于施工企业

C.二级建造师可以担任中小型项目的项目经理

D.二级建造师执业岗位限于工程项目施工的项目经理

7. 下列是建造师的义务的是（ ）。【熟悉】

A.接受继续教育，努力提高执业水准　　B.获得相应的酬劳

C.保管执业印章和证书　　D.使用注册建造师名称

知识点睛

①非承包方原因致使项目停工超过120天，经建设单位同意，建造师才能同时担任两个及以上项目的负责人。

②施工单位同意不能更换项目负责人，建设单位同意则可以更换。

2.4 建筑市场主体信用体系建设

Tips：平均考核3分。强力预测考核：3个单选。

单项选择题

1. 施工企业能够形成建筑市场优良信用信息的是（　　）。【必会】

A.合同正常履约　　B.未发生违约行为

C.获得发包人奖励　　D.获得建设行政主管部门表彰

2. 关于公布建筑市场诚信行为的说法，正确的是（　　）。【熟悉】

A.优良行为记录信息的公布期限一般为6个月

B.不良行为记录信息公布期限一般为5年

C.对整改确有实效的单位，信息发布部门可以直接取消公布其不良行为

D.对于整改不力的单位，信息发布部门可以延长其不良行为记录信息公布期限

3. 根据《建筑市场信用管理暂行办法》，建筑市场各方主体的下列情形中，应当列入建筑市场主体“黑名单”的是（　　）。【必会】

A.发生违法分包，受到行政处罚的

B.发生工程质量安全事故受到行政处罚的

C.经法院判决或者仲裁机构裁决，认定为拖欠工程款的

D.利用虚假材料、以欺骗手段取得企业资质的

4. 根据《全国建筑市场各方主体不良行为记录认定标准》，下列施工企业的不良行为中，属于工程安全不良行为的是（　　）。【必会】

A.对建筑安全事故隐患不采取措施予以消除的

B.在施工中偷工减料的

C.不履行保修义务的

D.未对涉及结构安全的试块、试件以及有关材料取样检测的

5. 下列行为属于质量不良行为的是（　　）。【必会】

A.未按照国家有关规定在施工现场设置消防通道、消防水源，配备消防设施和灭火器材的

B.在尚未竣工的建筑物内设置员工集体宿舍的

C.未对涉及结构安全的试块、试件以及有关材料取样检测的

D.未按照规定在施工起重机械和整体提升脚手架、模板等自升式架设设施验收合格后登记的

知识点睛

①资质不良行为认定标准：企业无证、人员无证（情节严重）和出借证。

②承揽业务不良行为认定标准：违法投标、违法履行合同。

2.5　营商环境制度

Tips：平均考核 1 分。强力预测考核：1 个单选。

单项选择题

1. 根据《工程项目招投标领域营商环境专项整治工作方案》的规定，下列不属于招投标中的限制和壁垒的是（　　）。【熟悉】

A.要求投标人在本地注册设立子公司、分公司，在本地缴纳社会保险

B.要求投标人必须提供原件，不接受复印件

C.采用抽签、摇号等方式直接确定中标候选人

D.对不同的所有制投标人采取相同的资格审查标准

2. 根据《保障中小企业款项支付条例》的规定，机关、事业单位从中小企业采购货物等，合同中约定采购履行进度结算的，付款期限应当自（　　）起算。【必会】

A.验收合格之日　　B.约定的检验期限届满之日

C.双方确认结算金额之日　　D.缺陷责任期届满之日

3. 根据《保障中小企业款项支付条例》的规定，机关、事业单位从中小企业采购货物，工程、服务，除合同另有约定外，应当自货物、工程、服务交付之日起（　　）内支付款项。【必会】

A.15日　　B.30日

C.60日　　D.90日

4. 根据《工程项目招投标领域营商环境专项整治工作方案》的规定，属于重点整治问题的是（　　）。【熟悉】

A.设置企业资产总额、净资产规模、营业收入、授信额度等财务指标

B.违法限定潜在投标人或者投标人的所有制形式或者组织形式

C.资质资格作为投标条件、加分条件、中标条件

D.在开标环节要求投标人的法定代表人或者经授权委托的投标人代表到场

第3章 建设工程许可法律制度

考情解密

本章内容主要涉及建设工程许可法律制度，包括建设工程规划许可和建设工程施工许可。本章内容分值占比不高，学习难度也不大，所以在学习过程中，重点注意施工许可证相关内容。

各节名称	预计分值	本章重点
建设工程规划许可	3	（1）规划许可证的申请。 （2）施工许可证的适用范围。 （3）施工许可的管理。
建设工程施工许可	2	

3.1 建设工程规划许可

Tips：平均考核3分。强力预测考核：1个单选和1个多选。

一、单项选择题

1. 下列关于核发建设工程规划许可证的说法，正确的是（　　）。【必会】

A.城市规划区内，省政府核发工程规划许可证

B.乡、村庄规划区内，乡政府核发乡村建设规划许可证

C.进行临时建设的，临时建设应当在批准的使用期限内自行拆除

D.取得用地批准手续之后，可申请领取乡村建设规划许可证

2. 下列关于规划条件变更的说法，正确的是（　　）。【必会】

A.因依法修改城乡规划给被许可人合法权益造成损失的，应当依法给予赔偿

B.施工单位应当在竣工验收后6个月内向有关部门报送验收资料

C.总平面图确需修改的，城乡规划主管部门应当采取听证会等形式，听取利害关系人的意见

D.应当由全国人大常委会监督各地城乡规划的实施情况

3. 根据《城乡规划法》的规定，在乡、村庄规划区内进行乡村公共设施建设的，建设单位或者个人应当申请核发（　　）。【必会】

A.建设工程规划许可证

B.选址意见书

C.乡村建设规划许可证

D.建设用地规划许可证

4. 关于临时建设批准的说法，正确的是（　　）。【必会】

A.临时建设影响控制性详细规划实施的，应当经城市、县人民政府城乡规划主管部门批准

B.临时建设不影响近期建设规划的，不需要由主管部门批准

C.临时建设影响交通、市容、安全等的，不得批准

D.临时建设应当在使用年限期满后及时拆除

二、多项选择题

5. 下列关于核发建设工程规划许可证的说法，正确的是（　　）。【熟悉】

A.城乡规划主管部门不得在城乡规划确定的建设用地范围以外作出规划许可

B.对符合条件的，由城市、县人民政府城乡规划主管部门核发建设工程规划许可证

C.在乡、村庄规划区内进行乡镇企业、乡村公共设施和公益事业建设的，核发乡村建设规划许可证

D.在城市、镇规划区内进行临时建设的，应当经城市、县人民政府城乡规划主管部门批准

E.在城市、镇规划区内进行临时建设的，临时建设应当在批准的使用期限内报请城乡规划主管部门拆除

6. 需要建设单位编制修建性详细规划的建设项目申请办理建设工程规划许可证，应当提交的材料有（　　）。【必会】

A.使用土地的有关证明文件

B.建设工程设计方案

C.修建性详细规划

D.控制性详细规划

E.建设工程施工图设计文件

3.2 建设工程施工许可

Tips：平均考核2分。强力预测考核：2个单选或1个多选。

一、单项选择题

1. 根据《建筑法》，已经领取施工许可证的在建建筑工程因故中止施工6个月，关于其施工许可证处理的说法，正确的是（　　）。【熟悉】

A.建设单位应当重新申请领取施工许可证

B.施工许可证自行作废

C.建设单位应当自中止施工之日起1个月内，向发证机关报告

D.恢复施工时，建设单位应当报发证机关核验许可证

2. 关于施工许可证申请延期的说法，正确的是（　　）。【熟悉】

A.自领取施工许可证之日起6个月内因故不能按时开工的，应当申请延期

B.延期以3次为限，每次不得超过3个月

C.既不开工又不申请延期的，施工许可证由发证机关废止

D.超过延期时限的，施工许可证自行废止

3. 下列情形中，不需要办理施工许可证的是（　　）。【必会】

A.古建筑的修缮　　B.中小型工程

C.军用房屋建筑工程建筑活动　　D.农村自建住宅的建筑活动

4. 关于施工许可证适用范围的说法，正确的是（　　）。【必会】

A.实行开工报告批准制度的建设工程，不再领取施工许可证

B.作为文物保护的纪念建筑物和古建筑等的修缮，须办理施工许可证

C.工程总承包项目，无须申请办理施工许可证

D.采取竞争性谈判或者单一来源方式的政府采购建设工程项目，无须办理施工许可证

5. 在申请领取施工许可证应当具备的条件中，关于施工图纸及技术资料的说法，正确的（　　）。【必会】

A.有施工方案设计即可　　B.有经审查合格的施工图设计文件

C.有初步设计图纸并通过初步设计审查　　D.有注册执业人员签章的施工图

6. 某建设项目于2023年5月8日领取施工许可证，同年6月16日开工。开工后因极端天气原因于2023年7月24日中止施工。该项目建设单位应当向发证机关报告中止施工的最迟期限是（　　）。【必会】

A.2023年6月8日　　B.2023年7月16日

C.2023年8月24日　　D.2023年10月24日

7. 根据《建筑法》的规定，关于施工许可证期限的说法，正确的是（　　）。【必会】

A.既不开工又不申请延期或者超过延期时限的，施工许可证自行废止

B.建设单位应当自领取施工许可证之日起6个月内开工

C.因故不能按期开工的，应当向项目所在地人民政府申请延期

D.延期以3次为限，每次不超过3个月

二、多项选择题

8. 下列项目中，适用于开工报告制度的有（　　）。【必会】

A.国家审批的大中型项目　　B.地方审批的大中型项目、大型技改项目

C.大中型和限额以下项目　　D.政府投资项目

E.外商直接投资项目

知识点睛

①申领施工许可证易错点：拆迁进度符合施工要求，不要求已完成；资金要求落实承诺书，不要求已经到位。

②适用未开工的情况：延期两次为限，每次不超过3个月。

③适用已开工的情况：中止施工一个月要报告，一年要核验。

第4章
建设工程发承包法律制度

考情解密

本章内容主要涉及建筑行业的发承包法律制度，本章在考试中分值占比较高，并且考点覆盖面广，知识点考查细致，但是考试与学习难度并不大，性价比很高，建议学员花更多的精力复习备考，争取在本章拿高分。本章重点考查建设工程招标投标制度。

各节名称	预计分值	本章重点
建设工程发承包的一般规定	1	（1）工程总承包、建设工程分包。 （2）建设工程法定招标的范围、招标方式和交易场所、建设工程招标、投标、开标、评标、中标。 （3）竞争性谈判、框架协议采购。
建设工程招标投标制度	5	
非招标采购制度	3	

4.1 建设工程发承包的一般规定

Tips：平均考核 1 分。强力预测考核：1 个单选或 1 个多选。

一、单项选择题

1. 关于工程总承包的说法，正确的是（　　）。【必会】

A.工程总承包单位不得是工程总承包项目的代建单位

B.建设内容不明确，技术方案不成熟的项目，适宜采用工程总承包的方式

C.工程总包单位只能由同时具有与工程规模相适应的工程设计资质和施工资质的单位承担

D.工程总承包单位不得采用直接发包的方式进行分包

2. 承包人将建设工程主体结构的施工分包给第三人，该分包合同（　　）。【必会】

A.效力待定　　B.无效

C.经发包人确认有效　　D.可撤销

二、多项选择题

3. 根据《房屋建筑和市政基础设施项目工程总承包管理办法》，关于建设工程总承包的说法，正确的有（　　）。【必会】

A.工程总承包单位应当同时具有与工程规模相适应的工程设计资质和施工资质，或者由具有相应资质的设计单位和施工单位组成联合体

B.工程总承包单位可以同时是工程总承包项目的代建单位

C.政府投资项目不得由工程总承包单位或者分包单位垫资建设

D.工程总承包单位和分包单位就分包工程对建设单位承担连带责任

E.工程总承包单位不得将工程直接发包给分包单位

4. 关于工程总承包单位责任的说法，正确的有（　　）。【必会】

A.工程总承包单位对其承包的全部建设工程质量负责

B.工程总承包单位有权以其与分包单位之间的保修责任划分拒绝履行保修责任

C.工程总承包单位对承包范围内工程的安全生产负总责

D.工程总承包单位应当依据合同对工期全面负责

E.分包单位不服从总包单位安全生产管理导致生产安全事故的，免除总承包单位的安全责任

5. 已经取得下列资质的设计单位，可以直接申请相应类别施工总承包一级资质的有（　　）。【必会】

A.工程设计综合资质

B.行业乙级资质

C.行业甲级资质

D.建筑工程行业乙级资质

E.建筑工程专业甲级资质

知识点睛

①转包：全部工程给别人、对工程不管不问或者出现第三人。

②违法分包：应当自己完成的部分工程给别人、分包给无资质的单位。

4.2 建设工程招标投标制度

Tips：平均考核 5 分。强力预测考核：3 个单选和 1 个多选。

一、单项选择题

1. 下列建设工程项目中，属于依法必须进行招标的项目是（　　）。【必会】

A.使用预算资金100万元，并且该资金占投资额10%以上的项目

B.使用国有企业资金100万元，并且该资金占投资额10%以下的项目

C.使用预算资金300万元，并且该资金占投资额10%以上的项目

D.使用国有事业单位资金300万元，并且该资金占投资额10%以下的项目

2. 依法必须进行施工招标的工程建设项目，可以采用邀请招标的情形有（　　）。【必会】

A.受资金限制，只有少数潜在投标人可供选择

B.施工主要技术采用不可替代的专利或者专有技术

C.涉及国家安全、国家秘密或者抢险救灾的项目

D.采用公开招标方式的费用占项目合同金额的比例过大

3. 关于建设工程招标投标交易场所的说法，正确的是（　　）。【熟悉】

A.县级以上地方人民政府可以建立招标投标交易场所

B.招标投标交易场所不得以营利为目的

C.招标投标交易场所应当隶属行政监督部门

D.招标投标交易场所应当按照不同行业分别设立

4. 根据《招标投标法实施条例》，关于投标人资格预审的说法，正确的是（　　）。【熟悉】

A.在不同媒介发布的同一招标项目的资格预审公告内容可以根据特定情况存在差异

B.资格预审结束后，招标人应当及时公示资格预审结果

C.通过资格预审的申请人少于3个的，应当重新招标

D.资格预审应当在开标后按照招标文件规定的标准和方法进行

5. 关于投标人资格预审的说法，正确的是（　　）。【熟悉】

A.依法必须进行招标的项目的资格预审公告，应当在国务院住房城乡建设主管部门

指定的媒介发布

B.在不同媒介发布的同一招标项目的资格预审公告的内容，可以根据特定情况存在差异

C.依法必须进行招标的项目，提交资格预审申请文件的时间，自资格预审文件停止发售之日起不得少于5日

D.指定媒介发布依法必须进行招标的项目的境内资格预审公告，可以收取适当的成本费用

6. 关于招标人终止招标要求的说法，正确的是（　　）。【必会】

A.应当及时发布公告

B.以口头形式通知被邀请的或者已经获得资格预审文件、招标文件的潜在投标人

C.已经发售的资格预审文件、招标文件，招标人无须退还所收取的资格预审文件、招标文件的费用

D.已经收取投标保证金的，应当及时退还投标保证金，但不必退还银行同期存款利息

7. 关于招标文件的说法，正确的是（　　）。【熟悉】

A.招标文件不得要求或者标明特定的生产供应者以及含有倾向或者排斥潜在投标人的内容

B.招标人对已发出的招标文件进行必要的澄清的，该澄清的内容不得再次澄清

C.招标人对已发出的招标文件进行必要的修改的，应当在招标文件要求提交投标文件截止时间至少10日前

D.招标人对已发出的招标文件进行必要的修改的，应当以电话等即时通信方式及时通知所有获取招标文件的潜在招标人

8. 根据《招标投标法实施条例》，关于投标保证金的说法，正确的是（　　）。【必会】

A.投标保证金不得采用银行保函形式

B.投标保证金不得超过招标项目估算价的3%

C.投标人撤回已提交的投标文件，招标人有权不退还其投标保证金

D.中标人无正当理由拒绝签订施工合同，招标人有权不退还其投标保证金

9. 关于投标保证金，说法正确的是（　　）。【必会】

A.投标保证金不得超过招标项目估算价的5%

B.投标保证金有效期可以短于投标有效期

C.招标人分两阶段招标的，应当在第一阶段要求投标人提交投标保证金

D.投标截止后，投标人撤销投标文件的，招标人可以不退还投标保证金

10. 关于投标的说法，正确的是（　　）。【必会】

A.投标人参加依法必须进行招标的项目的投标，应当受地区或者部门的限制

B.存在控股、管理关系的不同单位，可以参加未划分标段的同一招标项目的投标

C.单位负责人为同一人的不同单位参与同一标段投标，相关投标均无效

D.与招标人存在利害关系的法人，不得参加投标

11. 通过资格预审后，投标联合体加入了一个资质更高的成员参与投标，则其投标（　　）。【必会】

A.继续有效　　B.无效

C.在征得全体投标人同意后为有效　　D.在征得评标委员会同意后为有效

12. 关于评标的说法，正确的是（　　）。【必会】

A.招标人可以不向评标委员会提供评标所必需的信息

B.投标文件未经投标单位盖章和负责人签字，评标委员会不应当直接否决其投标

C.投标报价低于成本或者高于招标文件设定的最高投标限价时，评标委员会应当否决其投标

D.投标文件中的总价金额和单价金额不一致的，以总价金额为准

13. 关于中标和订立合同的说法，正确的是（　　）。【必会】

A.招标人不得授权评标委员会直接确定中标人

B.招标人和中标人应当自中标通知书发出之日起20日内，按照招标文件和中标人的投标文件订立书面合同

C.招标人和中标人可以再行订立背离合同实质性内容的其他协议

D.招标人根据评标委员会提出的书面评标报告和推荐的中标候选人确定中标人

二、多项选择题

14. 根据《必须招标的工程项目规定》，属于必须招标范围内的项目，从采购金额标准判断，可以不招标的项目有（　　）。【必会】

A.施工单项合同估算价为300万元

B.材料采购单项合同估算价为150万元

C.重要设备采购单项合同估算价为350万元

D.设计采购单项合同估算价为150万元

E.监理采购单项合同估算价为80万元

15. 根据《必须招标的工程项目规定》，下列项目属于必须进行招标的有（　　）。【必会】

A.使用国有企业资金，并且该资金占控股或者主导地位的项目

B.使用世界银行、亚洲开发银行等国际组织贷款、援助资金的项目

C.使用外国政府及其机构贷款、援助资金的项目

D.使用财政预算资金200万元以上，并且该资金占投资额10%以上的项目

E.使用有限公司资金的项目

16. 根据《招标投标法》，可以不进行招标的工程项目有（　　）。【必会】

A.涉及国家秘密的工程项目

B.涉及抢险救灾的工程项目

C.利用扶贫资金实行以工代赈、需要使用农民工的工程项目

D.涉及国家安全的工程项目

E.国有企业开发建设的商住两用的工程项目

知识点睛

①可以不招标原因：怕泄密、扶贫用途、自己能做、选择单一。

②邀请招标原因：选择范围小、费用占比高、政府批准。

③标底自行决定，属于评标的参考；可以设最高投标限价，不得设最低投标限价。

④“四点合一”：开标时间、提交投标文件截止日期、投标有效期起算日、投标保证金有效期起算日为同一时间。

⑤重大偏差主要是对招标文件未作出实质性响应，应当否决投标。

⑥否决和拒收：拒收在开标前，否决在评标中。

⑦协商、约定、协同属于投标人之间串通，是提前商量，视为串通是一种现象。

⑧投标人四个异议点：招标文件、资格预审文件、开标、候选人异议时间分别是10日、2日、当场和公示期间，一般3日答复（开标当场），招标活动暂停。

⑨国有资金项目一般应当公开招标、应当成立资格审查委员会、应当设定最高限价、应当清单计价、应当确定第一名中标，可以设标底。

⑩招标投标时间汇总。

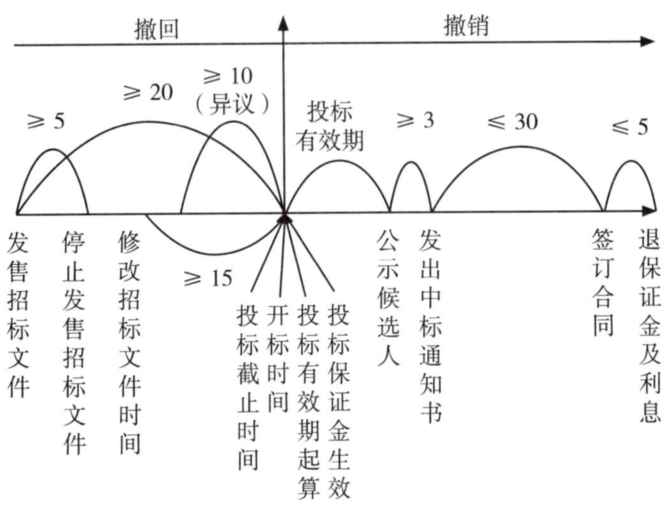

4.3　非招标采购制度

Tips：平均考核3分。强力预测考核：1个单选和1个多选。

一、单项选择题

1. 下列不属于采用竞争性谈判采购的法定情形的是（　　）。【必会】

A.采用招标方式所需时间不能满足用户紧急需要的

B.不能事先计算出价格总额的

C.采用公开招标方式的费用占政府采购项目总价值的比例过大的

D.技术复杂或者性质特殊，不能确定详细规格或者具体要求的

2. 关于竞争性谈判的采购程序，说法正确的是（　　）。【熟悉】

A.谈判小组由采购人代表及有关经济、技术专家共5人以上单数组成

B.确定邀请的供应商一律不得少于3家

C.谈判小组所有成员集中与所有供应商进行谈判

D.谈判的任何一方不得透露与谈判有关的其他供应商的技术资料、价格和其他信息

3. 根据《中华人民共和国政府采购法》，可以采用询价方式采购的货物需符合以下（　　）条件。【熟悉】

A.采购的货物规格多样　　B.采购的货物标准统一

C.货源不足　　D.价格变化幅度大

4. 依照《中华人民共和国政府采购法》的规定，可以采用单一来源方式采购的情形中，必须保证原有采购项目一致性或者服务配套的要求，需要继续从原供应商处添购，且添购资金总额不超过原合同采购金额的（　　）。【熟悉】

A.3%　　B.5%

C.10%　　D.15%

5. 关于框架协议采购，说法正确的是（　　）。【熟悉】

A.框架协议采购分为封闭式框架协议采购和开放式框架协议采购，其中开放式框架协议采购是主要形式

B.框架协议采购需求在框架协议有效期内不得变动

C.框架协议期限有效期一般不超过3年

D.封闭式框架协议入围供应商可以随时申请退出框架协议

二、多项选择题

6. 根据《政府采购法》的规定，下列情形中，可以采用单一来源采购方式的有（　　）。【必会】

A.只能从唯一供应商处采购的

B.采购资金总额巨大

C.发生了不可预见的紧急情况不能从其他供应商处采购的

D.必须保证原有采购项目服务配套的要求，需要继续从原供应商处添购且添购资金总额不超过原合同采购金额10%的

E.市场价格变化幅度较小的

知识点睛

①竞争性谈判：招标失败；规格、总价不确定；紧急需要。

②框架性协议：小额零星采购≥2家供应商+服务对象自主选择，封闭式框架协议采购是主要形式。

③除单一来源采购，一般都要“货比三家”。

第5章 建设工程合同法律制度

考情解密

本章内容主要涉及建设工程合同法律制度，预计分值占比较高，并且学习难度较大，需要学员着重加强知识点理解与记忆。本章包括：合同的基本规定、建设工程施工合同的规定、相关合同制度均为核心考点，需要学员投入大量时间和精力，充分掌握本章内容。

各节名称	预计分值	本章重点
合同的基本规定	2	（1）要约、有效合同、无效合同、违约责任、可撤销合同、合同履行中的抗辩权。 （2）施工合同的无效、工期、建设工程价款、合同权利义务终止。 （3）承揽、买卖、租赁、运输合同。
建设工程施工合同的规定	3	
相关合同制度	3	

5.1 合同的基本规定

Tips：平均考核2分。强力预测考核：2个单选或1个多选。

一、单项选择题

1. 3月1日，甲施工企业向乙钢材供应商发出钢材采购单，承诺期限为3月5日前，3月1日乙收到甲的采购单，3月2日乙收到甲取消本次采购的函件。3月4日乙发函至甲，表示同意履行3月1日的采购单，关于甲乙双方合同订立的说法，正确的是（　　）。【必会】

A. 甲3月2日的行为属于要约邀请　　B. 甲乙之间买卖合同成立

C. 乙3月4日的行为属于新要约　　D. 甲的要约已经撤销

2. 某施工企业向某建筑材料供应商发出购买建筑材料的要约。该建筑材料供应商在承诺有效期内对该要约作出了完全统一的答复，则该买卖合同成立的时间为（　　）。【必会】

A.建筑材料供应商的答复文件到达施工企业时

B.施工企业发出订购建筑材料的要约时

C.建筑材料供应商发出答复文件时

D.施工企业订购建筑材料的要约到达建筑材料供应商时

3. 下列自然人中，属于限制民事行为能力人的有（　　）。【熟悉】

A.范某，20周岁，有精神障碍，不能完全辨认自己的行为

B.孙某，7周岁，不能辨认自己的行为

C.周某，16周岁，系外卖员，靠送外卖为生

D.杨某，22周岁，系大学在校研究生

4. 关于无效合同法律后果的说法，正确的是（　　）。【熟悉】

A.无效合同自被确认为无效时起没有法律约束力

B.无效合同的当事人因该合同取得的财产，应当折价补偿

C.无效合同中双方都有过错的，仅需承担各自的损失

D.合同无效的，不影响合同中有关解决争议方法的条款的效力

5. 根据《民法典》，撤销权消灭的是（　　）。【熟悉】

A.当事人受欺诈的，自知道或者应当知道撤销事由之日起90日内没有行使撤销权的

B.因重大误解而为的民事法律行为，当事人自知道或者应当知道撤销事由之日起1年内没有行使撤销权的

C.当事人受胁迫的，自胁迫行为开始之日起1年内没有行使撤销权的

D.显失公平的民事法律行为，当事人自知道或者应当知道撤销事由之日起1年内没有行使撤销权的

6. 建设工程施工合同被撤销的，关于其法律约束力的说法，正确的是（　　）。【必会】

A.自当事人申请撤销之日无法律约束力

B.自当事人请求撤销的通知到达相对方之日无法律约束力

C.自人民法院撤销之日无法律约束力

D.自始无法律约束力

7. 合同生效后，当事人就合同履行地点约定不明确，不能达成补充协议，按照合同相关条款或者交易习惯也无法确定的说法确定的是（　　）。【必会】

A.交付不动产后，在不动产所在地履行

B.给付货币的，在交付货币的一方所在地履行

C.交付不动产的，在接受不动产的一方履行

D.其他达标的在标的所在地履行

二、多项选择题

8. 下列情形中，要约失效的有（　　）。【必会】

A.要约被拒绝

B.要约被依法撤销

C.要约内容含糊不清导致无法承诺

D.承诺期限届满，受要约人未作出承诺

E.受要约人对要约的内容作出实质性变更

9. 根据《民法典》，民事法律行为的有效要件有（　　）。【必会】

A.行为人具有完全民事行为能力

B.不超越经营范围

C.意思表示真实

D.不违反法律、行政法规的强制性规定

E.不违背公序良俗

知识点睛

①采购单属于要约，到达前可撤回，到达后承诺前可撤销，附承诺期的除外。

②过期的承诺、实质性变更的承诺，都属于新要约。

③无民事行为能力人（8周岁以下/不能辨认自己行为）；限制民事行为能力人（8到18周岁/不能完全辨认）；完全民事行为能力人（18周岁以上+精神正常）。

④可撤销合同：重大误解、显失公平、欺诈、胁迫（【谐音】武功气魄），一般1年内申请撤销，重大误解90日内。

⑤无效合同：无民事、恶意、虚假、违反（【谐音】无恶虚伪）。

⑥定金数额超过主合同标的额20%的，超过部分不产生定金效力，不是定金无效。

5.2　建设工程施工合同的规定

Tips：平均考核3分。强力预测考核：1个单选和1个多选。

一、单项选择题

1.《民法典》中明确规定应当使用书面形式订立的合同是（　　）。【必会】

A.建设工程合同　　B.买卖合同

C.加工承揽合同　　D.租赁合同

2.关于无效施工合同工程款结算，说法正确的是（　　）。【必会】

A.建设工程经验收合格的，发包人应当按照合同约定进行工程款结算

B.建设工程验收不合格，修复后的建设工程经验收仍不合格的，发包人可以在结算中大幅度减少结算金额

C.建设工程验收不合格，修复后的建设工程经验收合格的，维修费用应当由发包人与承包人共同承担

D.建设工程经验收合格的，发包人可以参照关于工程价款的约定折价补偿承包人

3.某建设工程施工合同约定的开工日期为3月1日，发包人于3月10日向承包人发出开工通知，开工通知载明的开工日期为3月20日，接到开工通知后，承包人由于人员、设备未能及时到位，3月30日才正式进场施工，根据《最高人民法院关于审理建设工程施工合同纠纷案件适用法律问题的解释（二）》，该项目开工日期应当为（　　）。【熟悉】

A.3月1日　　B.3月10日　　C.3月30日　　D.3月20日

4.根据《最高人民法院关于审理建设工程施工合同纠纷案件适用法律问题的解释（一）》的规定，当事人对建设工程实际竣工日期有争议的，关于人民法院认定竣工日期的说法，正确的是（　　）。【必会】

A.建设工程经竣工验收合格的，以承包人提交竣工验收报告之日为竣工日期

B.建设工程未经竣工验收，发包人擅自使用的，以竣工验收合格之日为竣工日期

C.承包人已经提交竣工验收报告，发包人拖延验收的，以承包人提交验收报告之日为竣工日期

D.建设工程未竣工验收，发包人擅自使用的，以承包人实际完工之日为竣工日期

5. 下列情形中，发包人应当承担过错责任的是（　　）。【必会】

A.直接指定分包人分包专业工程造成建筑工程质量缺陷的

B.拖欠工程款影响工期的

C.未申领施工许可证导致无法开工的

D.设计变更导致费用增加的

6. 关于建设工程款结算的说法，正确的是（　　）。【熟悉】

A.对争议的工程量，承包人能够证明发包人同意其施工，但未能提供签证文件证明工程量发生的，不得按照当事人提供的其他证据确认实际发生的工程量，结算工程款

B.当事人就同一建设工程的数份施工合同均无效，但建设工程质量合格的，当事人可以请求参照最后订立的合同约定折价补偿承包人

C.当事人在诉讼前已经对建设工程价款结算达成协议，诉讼中一方当事人申请对工程造价进行鉴定的，人民法院不予准许

D.当事人就同一建设工程订立了数份施工合同均无效，建设工程质量不合格的，当事人可以请求参照实际履行的合同约定折价补偿承包人

7. 根据《最高人民法院关于审理建设工程施工合同纠纷案件适用法律问题的解释（二）》的规定，关于工程价款结算的说法，正确的是（　　）。【必会】

A.当事人就同一建设工程订立的数份建设工程施工合同均无效，建设工程质量合格，可以直接参照最后订立的合同结算建设工程价款

B.当事人就同一建设工程订立的数份建设工程施工合同均无效，建设工程质量不合格，可以参照实际履行的合同结算建设工程价款

C.当事人就同一建设工程订立的数份建设工程施工合同均无效，建设工程质量合格，可以请求参照实际履行的合同结算建设工程价款

D.当事人签订的建设工程施工合同与招标文件、投标文件、中标通知书载明的工程范围、建设工期、工程质量、工程价款不一致的，应当将建设工程施工合同作为结算建设工程价款的依据

二、多项选择题

8. 建设工程施工合同的下列情形中，应当认定无效的有（　　）。【必会】

A.施工企业超越资质等级订立的

B.建设单位胁迫施工企业订立的

C.没有资质的实际施工人借用有资质的建筑施工企业名义订立的

D.施工企业与建设单位对工程款支付有重大误解订立的

E.建设工程必须进行招标而未招标订立的

9. 根据《最高人民法院关于审理建设工程施工合同纠纷案件适用法律问题的解释（一）》的规定，当事人对建设工程开工日期有争议的，人民法院的认定规则包括（　　）。【必会】

A.发包人或者监理人发出开工通知后，尚不具备开工条件的，以开工条件具备的时间为开工日期

B.因承包人原因导致开工时间推迟的，以开工通知载明的时间为开工日期

C.发包人或者监理人未发出开工通知，以承包人实际进场施工时间为开工日期

D.承包人经发包人同意已经实际进场施工的，以实际进场施工时间为开工日期

E.发包人或者监理人未发出开工通知，也无相关证据证明实际开工日期的，应当以施工许可证载明的时间为开工日期

知识点睛

①实际开工日期：开工通知、条件具备、实际进场、综合考虑（【谐音】弓箭失踪）。

②实际竣工日期：验收合格日、提交报告日、转移占有日（【谐音】荷包蛋）。

③应付工程款日期：约定日、交付日、提交结算文件日、起诉日（【谐音】约定交算术）。

④垫资与欠付工程款利息：欠付工程款利息，有约从约，没约按同期贷款利息；垫资利息，有约从约（不超过同期贷款利息），没约无息。

5.3 相关合同制度

Tips：平均考核 3 分。强力预测考核：1 个单选和 1 个多选。

一、单项选择题

1. 关于买卖合同中标的物检验的说法，正确的是（　　）。【熟悉】

A.买受人收到标的物时应当在约定的检验期限内检验

B.当事人没有约定检验期限的，买受人签收的送货单载明标的物数量、型号、规格的，应推定标的物完全合格

C.买受人发现标的物的数量或质量不符合约定，可以在任何时间向出卖人提出

D.买受人收到标的物时应当立即检验

2. 除法律另有规定或者当事人另有约定外，买卖合同中标的物毁损、灭失的风险转移时间是（　　）。【必会】

A.标的物交付时　　B.合同成立时

C.合同生效时　　D.价款付清时

3. 甲企业与乙金融机构订立了借款合同。合同约定，甲企业向乙金融机构借100万元：借期1年，年利率5%。乙金融机构预先将5万元的利息扣除，向甲实际提供借款95万元。根据《民法典》的规定，1年期满后，甲企业应当向乙金融机构偿还（　　）万元。【必会】

A.95　　B.100　　C.99.75　　D.105

4. 关于借款合同的说法，正确的是（　　）。【必会】

A.自然人之间的借款合同应当采用书面形式

B.借款的利息可以预先在本金中扣除

C.自然人之间的借款合同，自贷款人提供借款时成立

D.借款人未按照约定的借款用途使用借款的，贷款人可以停止发放借款，但不得解除合同

5. 关于借款合同利息的说法，正确的是（　　）。【必会】

A.借款的利息，可以预先在本金中扣除

B.对支付利息的期限没有约定的，应当在返还借款时一并支付

C.借款合同，对支付利息没有约定的，视为没有利息

D.借款人提前返还借款的，应当按照借款合同约定的期限支付利息

二、多项选择题

6. 出卖人就其出卖的标的物承担权利瑕疵担保义务，下列属于权利瑕疵的有（　　）。【必会】

A.出卖人对出卖的标的物没有所有权　　B.标的物质量不符合合同约定

C.出卖人对出卖的标的物没有处分权　　D.第三人对标的物享有抵押权

E.标的物包装不符合合同约定

7. 一般保证的保证人在主合同纠纷未经审判或者仲裁，并就债务人财产依法强制执行仍不能履行债务前，无权拒绝向债权人承担保证责任的情形有（　　）。【必会】

A.债务人下落不明，且无财产可供执行

B.保证人口头表示放弃一般保证人的权利

C.人民法院已经受理债务人破产案件

D.债权人有证据证明债务人的财产不足以履行全部债务

E.债权人有证据证明债务人丧失履行债务能力

知识点睛

①承揽合同：定作人有随时变更解除权，承揽人有留置权。

②买卖合同：交付方式包括现实交付、简易交付（买方提前占有）、占有改定（卖方继续占有）、指示交付（向第三人发出指示）和拟制交付（仓单、提单等权利凭证）；在途标的物自合同成立时由买受人承担毁损灭失风险。

③自然人之间的借款合同：不要式合同、实践合同（提供借款时成立），利息未约定或者约定不明，均无利息。

④租赁合同：两个当事人，6个月以上应书面，出租人承担维修义务。

⑤运输合同：单式联运需承担连带责任；多式联运经营人全程负责，各区段承运人按约定负责。

⑥债权人下落不明、丧失偿还债务能力，一般保证人不丧失先诉抗辩权。

第6章 建设工程安全生产法律制度

考情解密

本章内容主要涉及建筑行业的安全生产法律制度，分值占比高，19分左右，并且考点较为零散，但是复习难度不大。本章重点考查施工单位安全生产责任制度、现场防护制度等。

各节名称	预计分值	本章重点
建设单位和相关单位的安全责任制度	2	（1）建设单位、机械设备单位的安全责任。 （2）申请领取安全生产许可证的程序和条件。 （3）安全生产许可证的有效期和撤销。 （4）总、分包单位的安全责任。 （5）安全生产费的提取标准。
施工安全生产许可证制度	1	
施工单位安全生产责任制度	9	
施工现场安全防护制度	3	
施工生产安全事故的应急救援与调查处理	2	
政府主管部门安全生产监督管理	1	

6.1 建设单位和相关单位的安全责任制度

Tips：平均考核2分。强力预测考核：2个单选或1个多选。

一、单项选择题

1. 下列责任中，属于建设单位安全责任的是（　　）。【必会】

A.向工程总承包单位提供勘察资料

B.合同约定的工期不得短于定额工期

C.提出防范生产安全事故的指导意见和措施建议

D.依法办理有关批准手续

2. 关于工程监理单位安全责任的说法，正确的是（　　）。【必会】

A.工程监理单位未对施工组织设计中的专项施工方案进行审查造成损失的，由直接责任人员承担赔偿责任

B.当施工出现安全隐患，总监理工程师认为有必要停工以消除隐患的，可以签发工程暂停令

C.施工企业对发现的安全事故隐患拒不整改的，工程监理单位不再承担责任

D.工程监理单位在实施监理过程中，发现存在安全事故隐患的，应当要求施工企业立即暂时停止施工

3. 根据《建设工程安全生产管理条例》的规定，特殊结构的建设工程应当提出保障施工作业人员安全和预防生产安全事故措施建议的是（　　）。【必会】

A.设计单位　　B.造价咨询单位　　C.施工单位　　D.建设单位

4. 关于勘察、设计单位安全责任的说法，正确的是（　　）。【必会】

A.建设项目安全设施的设计单位应当对安全设施设计负责

B.建设工程勘察、设计文件中规定采用的新技术，全部应当由国家认可的检测机构进行试验、论证

C.未按照工程建设强制性标准进行勘察、设计，造成损失的，由勘察、设计单位的直接责任人员承担赔偿责任

D.勘察、设计单位的注册执业人员未执行法律、法规和工程建设强制性标准的，终身不予注册

5. 根据《建设工程安全生产管理条例》的规定，出租单位出租机械设备和施工机具及配件应提供的证明有（　　）。【必会】

A.自检合格证明　　B.备案证明

C.制造监督检验证明　　D.生产（制造）许可证、产品合格证

二、多项选择题

6. 根据《建设工程安全生产管理条例》，属于建设单位安全责任的有（　　）。【必会】

A.对安全技术措施或专项施工方案进行审查

B.向施工企业提供真实、准确和完整的有关资料

C.不得提出违法要求和随意压缩合同工期

D.确定建设工程安全作业环境及安全施工措施所需费用

E.不得要求购买、租赁和使用不符合安全施工要求的用具设备

7. 下列责任中，属于建设单位的安全责任有（　　）。【必会】

A.申请中断道路交通的批准手续

B.向施工企业提供真实、准确和完整的有关资料

C.确定建设工程安全作业环境及安全施工措施所需费用

D.编制安全技术措施和专项施工方案

E.总体协调总分包单位的安全生产

知识点睛

①安全事故隐患处理属于监理单位的责任，确定建设工程安全作业环境及安全施工措施费用属于建设单位的责任。

②5种情况机械设备不得出租不得使用，3种情况要报废。

6.2　施工安全生产许可证制度

Tips：平均考核1分。强力预测考核：1个单选。

单项选择题

1. 根据《建筑施工企业安全生产许可证管理规定》，建筑施工企业取得安全生产许可证，应当具备的安全生产条件是（　　）。【必会】

A.保证本单位生产经营所需资金的投入

B.建立健全安全生产责任制，制定完备的安全生产规章制度和操作规程

C.管理人员经建设主管部门或者其他有关部门考核合格

D.为施工现场作业人员办理意外伤害保险

2. 根据《建筑施工企业安全生产许可证管理规定》，建筑施工企业取得安全生产许可证应当具备的条件是（　　）。【必会】

A.为职工办理意外伤害保险

B.配备兼职安全生产管理人员

C.特种作业人员取得特种作业操作资格证书

D.有职业危害防治措施，并为安全生产管理人员配备合格的安全防护用具与防护服装

3. 下列情形中，安全生产许可证颁发管理机关或者其上级行政机关可以撤销已经颁发的安全生产许可证的是（　　）。【必会】

A.转让安全生产许可证的

B.安全生产许可证有效期满未办理延期手续的

C.建筑施工企业不再具备安全生产条件的

D.超越法定职权颁发安全生产许可证的

4. 根据《建筑施工企业安全生产许可证管理规定》，属于应当注销安全生产许可证情形的是（　　）。【必会】

A.安全生产许可证颁发管理机关超越法定职权颁发安全生产许可证的

B.施工企业破产、倒闭、撤销的

C.安全生产许可证颁发管理机关对不具备安全生产条件的施工企业颁发安全生产许可证的

D.安全生产许可证颁发管理机关工作人员滥用职权、玩忽职守颁发安全生产许可证的

5. 关于建筑施工企业安全生产许可证的说法，正确的是（　　）。【必会】

A.建筑施工企业变更法定代表人，应当办理安全生产许可证的变更手续

B.安全生产许可证有效期可以自动延期

C.安全生产许可证延期后的有效期短于原有效期

D.建筑施工企业变更地址，安全生产许可证无须办理变更手续

知识点睛

申请安全生产许可证条件易错点：管理人员和作业人员每年至少进行一次安全生产教育培训并考核合格；依法参加工伤保险，依法为施工现场从事危险作业的人员办理意外伤害保险；有对危险性较大的分部分项工程及施工现场易发生重大事故的部位、环节的预防、监控措施和应急预案。

6.3 施工单位安全生产责任制度

Tips：平均考核 9 分。强力预测考核：5 个单选和 2 个多选。

一、单项选择题

1. 根据《安全生产法》的规定，施工企业主要负责人对安全生产的责任是（　　）。【必会】

A.工程项目实行总承包的，定期考核分包单位安全生产管理情况

B.保证本企业安全生产投入的有效实施

C.督促落实本企业重大危险源的安全管理措施

D.在施工现场组织协调工程项目安全生产

2. 下列安全生产责任中，属于建设工程项目专职安全生产管理人员职责的是（　　）。【必会】

A.组织制定并实施生产安全事故应急救援预案

B.保证本单位安全投入的有效实施

C.督促检查危险性较大工程的安全生产工作，及时消除安全生产事故隐患

D.现场监督危险性较大工程安全专项施工方案实施情况

3. 下列安全生产责任中，属于建设工程项目专职安全生产管理人员职责的是（　　）。【必会】

A.确保安全生产费用的有效使用

B.组织制订并实施本单位安全生产教育和培训计划

C.督促检查企业的安全生产工作，及时消除生产安全事故隐患

D.现场监督危险性较大工程安全专项施工方案实施情况

4. 关于建筑施工企业安全生产管理机构专职安全生产管理人员配备的说法，正确的是（　　）。【必会】

A.建筑施工劳务分包企业不少于1人

B.建筑施工总承包企业特级资质不少于6人

C.建筑施工总承包企业一级资质不少于3人

D.建筑施工专业承包企业一级资质不少于2人

5. 下列关于专职安全人员的配备，正确的是（　　）。【熟悉】

A.1万平方米以下建筑工程不少于2人　　B.5000万元以下土木工程不少于1人

C.1万～5万平方米装修工程不少于3人　　D.5000万～1亿元管道工程不少于3人

6. 根据《房屋市政工程生产安全重大事故隐患判定标准（2022版）》，下列重大事故隐患中，应当判定为施工安全管理重大事故隐患的是（　　）。【必会】

A.对因基坑工程施工可能造成损害的毗邻重要建筑物、构筑物和地下管线等，未采取专项防护措施

B.模板支架拆除及滑模、爬模爬升时，混凝土强度未达到设计或规范要求

C.建筑施工特种作业人员未取得特种作业人员操作资格证书上岗作业

D.有限空间作业时现场未有专人负责监护工作

二、多项选择题

7. 根据《建筑施工企业主要负责人、项目负责人和专职安全生产管理人员安全生产管理规定》，关于安管人员安全生产考核的说法，正确的有（　　）。【必会】

A.安管人员应当自行申请安全生产考核

B.安管人员的安全生产考核由国务院住房城乡建设行政主管部门统一颁发合格证书

C.安全生产考核证书的有效期无限制

D.安全生产考核应当向省级人民政府住房城乡建设主管部门申请

E.安全生产考核证书，在全国范围内有效

知识点睛

主要负责人	建立健全并落实、组织制定并实施、保证费用投入实施、督促检查、报告事故。
安管机构	宣传法律、编制制度、通报违章、建立档案、组织参与、组织开展、督促落实、协调配备安全员、监督费用使用、考核评价。
项目专职安全管理人员	日常检查记录、现场监督、违章行为纠正或查处、隐患责令立即整改、重大隐患和安全事故报告。
项目负责人	项目责任、落实制度、费用有效使用、报告事故、监控危大工程、定期考核分包。
提示：前两类为单位职责，后两类为项目职责。	

6.4 施工现场安全防护制度

Tips：平均考核3分。强力预测考核：2个单选和1个多选。

一、单项选择题

1. 根据《危险性较大的分部分项工程安全管理规定》，关于危大工程的说法，正确的是（　　）。【熟悉】

A.建设单位应当委托具有相应质量检测资质的单位进行监测

B.监测方案由监测单位负责人审核签字并加盖单位公章

C.监测单位发现异常时，及时向建设、设计、施工、监理单位报告

D.监测单位及时向建设行政主管部门报送监测成果，并对监测成果负责

2. 根据《危险性较大的分部分项工程安全管理规定》，关于危大工程专项施工方案的说法，正确的是（　　）。【必会】

A.危大工程实行分包的，专项施工方案应当由相关专业分包单位组织编制

B.分包单位组织编制的专项施工方案，应当由分包单位负责人签字并加盖单位公章

C.超过一定规模的危大工程，建设单位应当组织专家会议论证专项施工方案

D.危大工程实施施工总承包的，专项施工方案由施工总承包单位编制

3. 根据《建筑安装工程费用项目组成》，属于安全文明施工费的是（　　）。【必会】

A.分部分项工程费

B.已完工程及设备保护费

C.临时设施费

D.规费

4. 根据《企业安全生产费用提取和使用管理办法》的规定，关于建设工程施工企业安全生产费用计提的说法，正确的是（　　）。【必会】

A.施工企业提取的安全费用不列入工程造价

B.施工企业以建筑安装工程造价为计提依据

C.施工企业不得提高安全费用提取标准

D.总承包单位与分包单位按比例各自提取安全费用

二、多项选择题

5. 根据《建设工程安全生产管理条例》的规定，下列分部分项工程中，属于达到一定规模的危险性较大，需要编制专项施工方案，并附具安全验算结果的有（　　）。【必会】

A.模板工程　　B.脚手架工程

C.装饰装修工程　　D.拆除、爆破工程

E.土方开挖工程

6. 关于危险性较大的分部分项工程专项施工方案的说法，正确的有（　　）。【必会】

A.施工企业应当在危险性较大的分部分项工程施工前组织工程技术人员编制专项施工方案

B.专项施工方案应当由施工企业负责人审核签字加盖单位公章

C.专项施工方案经论证不通过的，施工企业修改后应当重新组织专家论证

D.危险性较大的分部分项工程实行施工总承包的，由施工总承包单位编制专项施工方案

E.专项施工方案经论证需修改后通过的，施工企业应当根据论证报告修改完善专项施工方案

知识点睛

①安全费用的提取比例：矿山3.5%→建铁城3%→水电2.5%→通化冶机2%→政港公1.5%。

②累死在办公室或为国家做贡献，视同工伤；其他因公伤亡一般应当认定为工伤。

6.5　施工生产安全事故的应急救援与调查处理

Tips：平均考核2分。强力预测考核：2个单选或1个多选。

一、单项选择题

1. 根据《生产安全事故报告和调查处理条例》的规定，造成20人死亡和9000万元直接经济损失的事故是（　　）。【必会】

A.一般事故　　B.较大事故

C.重大事故　　D.特别重大事故

2. 关于应急救援队伍和人员的说法，正确的是（　　）。【必会】

A.应急救援队伍应当不定期组织训练

B.应急救援人员经培训取得特种作业证书后，方可参加应急救援工作

C.微型施工企业不得与邻近的应急救援队伍签订应急救援协议

D.微型施工企业可以不建立应急救援队伍，但应当指定兼职的应急救援人员

3. 根据《生产安全事故报告和调查处理条例》，关于事故处理的说法，正确的是（　　）。【必会】

A.重大事故的事故调查报告由国务院批复

B.较大事故的批复时间为30日

C.事故发生单位不得依照批复对本单位负有事故责任的人员进行处理

D.特别重大事故的批复时间可以延长，但延长时间最长不超过30日

4. 关于施工生产安全事故调查的说法，正确的是（　　）。【必会】

A.事故调查组组长由事故发生地的公安机关指定

B.事故调查组不得直接组织专家进行技术鉴定

C.事故调查组成员应当及时发布有关事故的信息

D.技术鉴定所需时间不计入事故调查期限

二、多项选择题

5. 根据《建设工程安全生产管理条例》的规定，关于编制建设工程生产安全事故应急救援预案的说法，正确的有（　　）。【熟悉】

A.应急救援预案应当由建设行政主管部门批准

B.分包单位不得参与应急救援预案编制

C.应急救援预案应当针对施工现场编制

D.总承包单位应当统一组织编制应急救援预案

E.应急救援预案编制的重点是施工现场易发生重大事故的部位和环节

知识点睛

①现场立即报单位负责人，再立即报政府；出现新情况或30日内伤亡人数发生变化的，应及时补报。

②四级事故对应四级政府，调查组邀请检察院参加，组长由政府指定。

③60日出调查报告(直接损失＋处理建议)，特大事故30日批复，其他事故15日批复。

6.6 政府主管部门安全生产监督管理

Tips：平均考核1分。强力预测考核：1个单选。

单项选择题

1. 关于安全生产监督检查人员执行监督检查任务时要求的说法，正确的是（　　）。【熟悉】

A.对涉及被检查单位的技术秘密和业务秘密，应当为其保密

B.可以视情况选择是否出示行政执法证件

C.负有安全生产监督管理职责的多部门在监督检查中，应当分别进行检查

D.负有安全生产监督管理职责的部门在进行检查时发现存在安全问题应当由其他部门进行处理的，应当要求被检查单位向其他部门进行报告

2. 负有安全生产监督管理职责的部门依法采取停止供电措施，除有危及生产安全的紧急情形外，应当提前（　　）通知生产经营单位。【熟悉】

A.12小时　　B.36小时

C.48小时　　D.24小时

3. 关于建设工程安全生产监督管理体制的说法，错误的是（　　）。【熟悉】

A.国务院负责安全生产监督管理的部门对全国建设工程安全生产工作实施综合监督管理

B.国务院住房城乡建设主管部门对全国的建设工程安全生产实施监督管理

C.施工安全监督人员应当具有5年及以上施工安全管理经验

D.县级以上地方人民政府住房城乡建设主管部门可以将施工安全监督工作委托所属的施工安全监督机构具体实施

4. 根据《房屋建筑和市政基础设施工程施工安全监督规定》，关于建设工程施工安全监督管理的说法，正确的是（　　）。【熟悉】

A.施工安全监督人员应当具有工程类中级及以上专业技术职称

B.施工安全监督机构监督人员应当占监督机构总人数的60%以上

C.工程项目因故中止施工的，监督机构不得对工程项目中止施工安全监督

D.施工安全监督包括处理与工程项目施工安全相关的投诉、举报

第7章 建设工程质量法律制度

考情解密

本章内容主要涉及建设工程质量法律制度，分值占比较高，但同样本节内容复习难度不大，只要见过一般即会做题。本章重点考查的是工程建设标准、无障碍环境建设制度、建设单位及相关单位的质量责任和义务、施工单位的质量责任和义务、建设工程竣工验收制度、建设工程质量保修制度等相关知识。

各节名称	预计分值	本章重点
工程建设标准	1	（1）分类、强制性标准和推荐性标准。 （2）范围和类型、强制性国家标准、国家标准制定部门、制定程序、发布、公开、复审。 （3）制定、内容、复审。 （4）概念、适用、自我声明公开和监督制度。 （5）过渡、两新适用、监督分工、监督检查内容、方式。 （6）相关主体责任、抗震性能鉴定制度、审批。
无障碍环境建设制度	3	
建设单位及相关单位的质量责任和义务	3	
施工单位的质量责任和义务	1	
建设工程竣工验收制度	3	
建设工程质量保修制度	1	

7.1 工程建设标准

Tips：平均考核1分。强力预测考核：1个单选。

单项选择题

1. 关于工程建设强制性国家标准，说法正确的是（　　）。【必会】

A.标准可以由行业主管部门发布

B.标准文本应当免费向社会公开

C.对标准解释的效力低于标准本身

D.对标准进行复审的周期一般不得超过3年

2. 关于工程建设国家标准的说法，正确的是（　　）。【必会】

A.工程建设推荐性国家标准由国务院建设行政主管部门制定

B.工程建设强制性标准包括地方标准

C.工程建设强制性国家标准的立项由国务院标准化行政主管部门负责

D.工程建设强制性国家标准只能由国务院批准发布

3. 关于对工程建设各阶段执行强制性标准的情况实施监督的机构，说法正确的是（　　）。【必会】

A.工程建设全过程的执行情况，由建设项目规划审查机构实施监督

B.工程建设前期咨询阶段的执行情况，由工程质量监督机构实施监督

C.工程建设验收阶段的执行情况，由建筑安全监督管理机构实施监督

D.工程建设勘察阶段的执行情况，由施工图设计文件审查机构实施监督

4. 根据《实施工程建设强制性标准监督规定》，下列情形中不属于强制性标准监督检查内容的是（　　）。【必会】

A.工程项目规划、勘察、设计、施工阶段是否符合强制性标准

B.工程项目使用的材料、设备是否符合强制性标准

C.工程管理人员是否熟悉强制性标准

D.工程项目的安全、质量是否符合强制性标准

知识点睛

	国家强制性标准	国家推荐性标准
制定	国务院有关主管部门+标准化主管部门（立项）	国务院标准化主管部门
公开	20日免费公开，国务院或其授权发布	推动免费公开
内容	（重要）通用	无规定
执行	强制执行（不超过5年复审）	非强制

7.2　无障碍环境建设制度

Tips：平均考核3分。强力预测考核：3个单选。

单项选择题

1. 根据《无障碍环境建设法》的规定，关于无障碍环境建设的说法，正确的是（　　）。【熟悉】

A.无障碍环境应当与主体工程同步规划、同步设计、同步施工、同步验收，但可以不同步交付使用

B.工程施工单位应当将无障碍环境建设经费纳入工程建设项目概预算

C.市级以上人民政府应当将无障碍环境建设纳入国民经济和社会发展规划，将所需经费纳入本级预算，建立稳定的经费保障机制

D.施工图审查机构应当按照法律、法规和无障碍环境工程建设标准，对无障碍环境设计内容进行审查

2. 根据《无障碍环境建设法》的规定，下列说法不正确的是（　　）。【熟悉】

A.建设单位应当将无障碍环境建设费纳入工程建设项目概预算

B.设计单位应当按照无障碍环境工程建设标准进行设计

C.监理单位应当按照施工图设计文件以及相关标准进行无障碍环境监理

D.建设单位应当邀请残疾人、老年人代表参加体验活动

3. 根据《无障碍环境建设法》的规定，关于无障碍环境改造的说法，正确的是（　　）。【熟悉】

A.县级以上人民政府可以根据需要，支持、指导家庭无障碍环境改造

B.无障碍环境改造工作由所有权人或者管理人负责

C.县级以上人民政府及其有关部门应当采取措施、创造条件，要求既有多层住宅加装电梯或者其他无障碍环境

D.不具备无障碍环境改造条件的，责任人可不必采取替代性措施

4. 根据《无障碍环境建设法》的规定，关于无障碍环境建设宣传教育的说法，正确的是（　　）。【必会】

A.高等学校、中等职业学校等应当开设无障碍环境建设相关专业和课程

B.各类职业资格和继续教育的考试内容应当包括无障碍环境建设知识

C.建筑、交通运输等相关学科专业应当增加无障碍环境建设的教学和实践

D.企事业单位应当对工作人员进行无障碍服务知识与技能培训

7.3 建设单位及相关单位的质量责任和义务

Tips：平均考核 3 分。强力预测考核：3 个单选。

单项选择题

1. 关于某建设工程依法实行监理的说法，正确的是（　　）。【熟悉】

A.建设单位应当委托该建设工程的设计单位进行监理

B.监理单位不能与建设单位有隶属关系

C.建设单位可以委托具有相应资质等级的工程监理单位进行监理

D.工程监理单位有权转让其工程监理业务

2. 根据《建设工程质量管理条例》的规定，设计单位在设计文件中选用的建筑材料、建筑构配件和设备应当（　　）。【熟悉】

A.按照建设单位的指令确定

B.注明生产厂、供应商

C.征求施工企业的意见

D.注明规格、型号、性能等技术指标

3. 根据《建设工程质量管理条例》的规定，关于工程监理单位质量责任和义务的说法，正确的是（　　）。【必会】

A.监理单位不得与被监理工程的设计单位有利害关系

B.监理单位对施工质量实施监理，并对施工质量承担监理责任

C.未经总监理工程师签字，建筑材料不得在工程上使用

D.施工图深化文件是监理工作的主要依据

4. 关于建设单位质量责任和义务的说法，正确的是（　　）。【必会】

A.不得直接发包预拌混凝土专业分包工程

B.不得购入用于工程的装配式建筑构配件、建筑材料和设备

C.在开工前办理的工程质量监督手续应当与施工许可证和开工报告合并办理

D.在办理工程质量监督手续前签署工程质量终身责任承诺书的项目负责人不得更换

5. 根据《建设工程质量管理条例》的规定，关于工程监理单位质量责任和义务的说法，正确的是（　　）。【必会】

A.不得与建设单位有隶属关系　　B.对施工质量承担连带责任

C.不得转让工程监理业务　　D.组织建设工程竣工验收

知识点睛

监理单位不得与被监理工程的施工单位以及材料、构配件和设备供应单位有利害关系，但可以和设计单位、建设单位有利害关系。

7.4　施工单位的质量责任和义务

Tips：平均考核 1 分。强力预测考核：1 个单选。

单项选择题

1. 关于总分包单位的质量责任的说法，正确的是（　　）。【必会】

A.分包工程质量由分包单位自行向建设单位负责

B.分包单位应当接受总承包单位的质量管理

C.总承包单位与分包单位对分包工程的质量各自向建设单位承担相应的责任

D.分包工程发生质量问题，建设单位只能向总承包单位请求赔偿

2. 施工企业在施工过程中发现设计文件和图纸有差错的，应当（　　）。【熟悉】

A.及时提出意见和建议

B.继续按照设计文件和图纸进行施工

C.由施工企业技术负责人按照技术标准修改设计文件和图纸

D.按照通常做法施工

3. 关于建设工程见证取样的说法，正确的是（　　）。【必会】

A.试样由取样人员作出标识、封志，由见证人员签字并对其代表性和真实性负责

B.涉及结构安全的试块、试件和材料见证取样和送检的比例不得低于有关技术标准中规定应取样数量的50%

C.见证人员应当由施工企业中具备施工试验知识的专业技术人员担任

D.见证人员的基本信息应当书面通知检测单位

4. 根据《房屋建筑工程和市政基础设施工程实行见证取样和送检的规定》，必须实施见证取样和送检的试块、试件或材料，不包括（　　）。【熟悉】

A.用于非承重结构的钢筋连接接头试件

B.地下使用的防水材料

C.用于砌筑砂浆的水泥

D.用于承重结构的混凝土中使用的掺加剂

5. 根据《建设工程质量检测管理办法》，关于建设工程质量检测的说法，正确的是（　　）。【熟悉】

A.检测机构可以监制建筑材料、构配件和设备

B.检测报告经建设工程质量监督机构确认后，由施工企业归档

C.检测结果利害关系人对检测结果发生争议的，由双方共同认可的检测机构复检

D.检测机构应当将检测过程中发现的施工企业违反工程建设强制性标准的情况，及时报告建设单位

6. 关于工程质量检测的说法，正确的是（　　）。【必会】

A.检测机构应当建立档案管理制度，并应当单独建立检测结果不合格项目台账

B.应当由施工企业委托具有相应资质的检测机构进行检测

C.检测机构可以监制建筑材料构配件和设备

D.检测报告经设计单位或者工程监理单位确认后，由建设单位归档

知识点睛

①甲方见证，乙方取样，双方签字，双方负责；检测报告甲方确认，乙方归档。

②不合格是返修（有偿或无偿），合格后是保修（无偿）。

7.5　建设工程竣工验收制度

Tips：平均考核3分。强力预测考核：1个单选和1个多选。

一、单项选择题

1. 根据《建设工程质量管理条例》的规定，关于竣工验收法定条件的说法，正确的是（　　）。【必会】

A.完成建设工程合同约定的主要内容　　B.有完整的技术档案和施工管理资料

C.完成工程保修书的起草　　D.有工程使用的主要建筑材料的交货签收单

2. 关于建筑工程节能验收的说法，正确的是（　　）。【必会】

A.国家实行固定资产投资项目节能评估和备案制度

B.对不符合推荐性节能标准的项目，建设单位不得开工建设

C.建筑节能分部工程验收合格后方可进行单位工程竣工验收

D.建筑节能检验批、分项工程全部合格即可进行节能分部工程验收

3. 关于工程竣工验收应当提交档案资料的说法，正确的是（　　）。【必会】

A.对列入城建档案管理机构接收范围的工程，工程竣工验收备案前，应向当地城建档案管理机构移交一套符合规定的工程档案

B.建设单位应当在工程竣工验收后1个月内，向城建档案馆报送一套符合规定的建设工程档案

C.结构和平面布置发生改变的，不必重新编制建设工程档案

D.建设工程项目实行总承包管理的，建设单位应当负责收集、汇总各分包单位形成的工程档案，并应当及时向城建档案馆移交

4. 关于建设工程竣工验收备案的说法，正确的是（　　）。【熟悉】

A.施工企业应自竣工验收合格之日起15日内办理备案

B.竣工验收备案必须提交监理单位出具的工程正式验收合格证明文件

C.工程竣工验收完成后，建设单位应向备案机关提交工程质量监督报告

D.工程竣工验收备案表一式二份，1份由建设单位保存，1份留备案机关存档

二、多项选择题

5. 建设工程竣工验收应当具备的条件有（　　）。【必会】

A.有完整的技术档案和施工管理资料

B.有施工企业签署的工程保修书

C.有工程使用的主要建筑材料的进场试验报告

D.已经办理工程竣工资料归档手续

E.有勘察、设计、施工、工程监理等单位分别签署的质量合格文件

知识点睛

节能验收

验收组织	检验批和隐蔽工程	监理工程师主持
	分项工程	监理工程师主持
	分部工程	总监理工程师（建设单位项目负责人）主持
重新验收	主要验收人员、机构、程序、标准、意见整改等验收环节问题	
不得验收	未完成设计、档案资料不完整、主要材料未提供检验报告等前期工作问题	

7.6　建设工程质量保修制度

Tips：平均考核 1 分。强力预测考核：1 个单选或 1 个多选。

一、单项选择题

1. 关于建设工程质量保修期限的说法，正确的是（　　）。【熟悉】

A.地基基础工程的主体结构的保修期不低于50年

B.建设单位与施工企业在保修合同中约定的保修期限应当高于法定的最低保修期限

C.建设工程超过主体结构保修期的，不得继续使用

D.建设工程的法定保修期限为其最低保修期限

2. 关于建设工程领域保证金的说法，正确的是（　　）。【熟悉】

A.省级住房城乡建设主管部门有权新设保证金项目

B.未按规定返还保证金，保证金收取方无须向建筑业企业支付逾期返还违约金

C.保证金只能以现金方式提交

D.工程项目竣工前已经提交履约保证金的，建设单位不得同时预留工程质量保证金

二、多项选择题

3. 建设工程承包单位应当向建设单位出具质量保修书，其内容包括建设工程的（　　）。【熟悉】

A.工程简况和施工管理要求　　B.保修范围

C.保修期限　　D.保修责任

E.超过合理使用年限继续使用的条件

4. 根据《建设工程质量管理条例》，下列工程中，法定最低保修期限为2年的有（　　）。【必会】

A.房屋建筑的主体结构工程　　B.装修工程

C.给排水管道工程　　D.屋面防水工程

E.设备安装工程

知识点睛

①最低保修期为法定，自竣工验收合格之日起算；缺陷责任期为约定，自通过竣工验收之日起算。

②质量保证金保缺陷责任期，而非保修期。

③建设工程“四金”（四朵金花）：投标保证金≤招标项目估算价2%，履约保证金≤中标合同价10%，质量保证金≤工程结算价3%，农民工保证金是施工合同额或年度合同的1%～3%（投标保证金、履约保证金、质量保证金，【谐音】投吕雉，二十三）。

第8章 建设工程环境保护和历史文化遗产保护法律制度

考情解密

本章内容主要涉及建设工程环境保护和历史文化遗产保护，本章分值占比较低，且考点比较分散，建议考生无须花太多时间备考，只需要了解本章核心知识就可以应对考试。

各节名称	预计分值	本章重点
建设工程环境保护制度	2	（1）建设工程大气污染防治、水污染防治、固体废物污染防治、噪声污染防治。 （2）文物保护、水下文物的保护。
施工中历史文化遗产保护制度	1	

8.1 建设工程环境保护制度

Tips：平均考核 2 分。强力预测考核：2 个单选。

单项选择题

1. 根据《城镇排水与污水处理条例》的规定，关于建设项目水污染防治的说法，正确的是（　　）。【必会】

A.在江河、湖泊新建排污口，应当向水行政主管部门备案

B.禁止在饮用水水源准保护区改建排放污染物的建设项目

C.因工程建设需要拆除改动城镇排水与污水处理设施的，应当制定拆除、改动方案，报设施运营维护单位审核

D.间接向水体排放工业废水的，应当取得排污许可证

2. 根据《城镇排水与污水处理条例》的规定，关于在城镇排水与污水处理设施保护范围内施工的说法，正确的是（　　）。【熟悉】

A.城镇排水主管部门及其他相关部门和单位应当及时提供相关资料

B.建设工程开工前，施工企业应当查明工程建设范围内地下城镇排水与污水处理设

施的相关情况

C.因工程建设需要拆除、改动城镇排水与污水处理设施的，施工单位应当承担改建和采取临时措施的费用

D.建设工程施工范围内有排水管网等城镇排水与污水处理设施的，建设单位当与设计单位、施工企业共同制订设施保护方案

3. 关于饮用水水源准保护区的污染防治要求，说法正确的是（　　）。【必会】

A.禁止新建、改建、扩建任何工程

B.禁止新建、改建、扩建和水源保护无关工程

C.禁止新建、改建、扩建排放污染物的工程

D.禁止新建、扩建对水体污染严重工程

4. 关于在城镇排水与污水处理设施保护范围内施工的说法，正确的是（　　）。【熟悉】

A.建设工程开工前，施工企业应当查明工程建设范围内地下城镇排水与污水处理设施的相关情况

B.城镇排水主管部门及其他相关部门和单位应当及时提供相关资料

C.因工程建设需要拆除、改动城镇排水与污水处理设施的，施工单位应当承担改建和采取临时措施的费用

D.施工范围内有排水管网等城镇排水与污水处理设施的，建设单位当与设计单位、施工企业共同制定设施保护方案

5. 关于固体废物污染环境防治，说法正确的是（　　）。【熟悉】

A.建设单位应当编制建筑垃圾处理方案，并报县级以上地方人民政府环境卫生主管部门备案

B.永久基本农田集中区域，禁止建设工业固体废物集中储存、利用、处置的设施、场所和生活垃圾填埋场

C.产生工业固体废物的单位应当取得排水许可证

D.市级政府组织编制危险废物集中处理设施、场所的建设规划，应当征求公众意见

6. 根据《噪声污染防治法》的规定，关于噪声污染防治的说法，正确的是（　　）。【必会】

A.施工企业应当按照规定将噪声污染防治费用列入工程造价

B.建设单位应当按照规定制订噪声污染防治实施方案

C.建设单位应当在施工合同中明确施工企业的噪声污染防治责任

D.建设行政主管部门应当审核噪声污染防治实施方案

知识点睛

①暂不开工超过三个月的工地，建设单位应进行绿化、铺装或遮盖。

②在饮用水源保护区，禁止设置排污口；在风景名胜区水体、重要渔业水体或具有特殊经济文化价值的水体保护区，不得新建排污口。

8.2 施工中历史文化遗产保护制度

Tips：平均考核 1 分，强力预测考核：1 个单选。

单项选择题

1. 根据《文物保护法》的规定，受国家保护的文物是（　　）。【必会】

A.与历史事件有关的代表性建筑

B.具有历史、艺术、科学价值的石刻、壁画

C.历史上各时代艺术品、工艺美术品

D.反映历史上各时代的实物

2. 根据《文物保护法》，受国家保护的文物是（　　）。【必会】

A.古建筑

B.近代史迹

C.反映历史上各民族社会制度的代表性产物

D.历史上工艺美术品

3. 在历史文化街区、名镇、名村核心保护范围内除新建、扩建（　　）外，不得进行新建、扩建活动。【必会】

A.影视摄制基地

B.必要的基础设施和公共服务设施

C.自然保护区

D.历史建筑

4. 根据《历史文化名城名镇名村保护条例》，可以申报历史文化名城、名镇、名村的是（ ）。【熟悉】

A.保存文物比较丰富的城市

B.能够反映本地区建筑的文化特色的镇

C.保留着传统格局和历史风貌的村庄

D.历史上建设的工程对本地区的发展产生较大影响的城市

5. 根据《历史文化名城名镇名村保护条例》，在历史文化名城、名镇、名村保护范围内可以进行的活动是（ ）。【必会】

A.开山、采石、开矿等破坏传统格局和历史风貌的活动

B.占用保护规划确定保留的道路

C.在核心保护范围内举办大型群众性活动

D.为响应国家扶贫政策修建生产爆炸性物品的工厂

知识点睛

①文物保护范围应注意修饰、限定词：有价值、重要的、代表性的、珍贵的。

②建设控制地带、名城名镇名村：国务院定名城，其他一般省级政府批准或核定。

第9章 建设工程劳动保障法律制度

考情解密

本章内容主要涉及建设工程劳动保障法律制度，分值占比较高，并且和广大考生的自身利益息息相关，但学习难度并不大，学习过程中学员要着重加强理论和实际相结合，利用本章知识点维护好自己的利益，建议考生花更多的精力复习备考本章内容。本章重点考查的内容包括劳动合同制度、劳动用工和工资支付保障、劳动安全卫生和保护、工伤制度、劳动争议的解决等。

各节名称	预计分值	本章重点
劳动合同制度	4	（1）劳动合同的解除和终止。 （2）劳务派遣、工资支付保障。 （3）工伤认定。 （4）劳动争议范围、劳动争议仲裁。
劳动用工和工资支付保障	1	
劳动安全卫生和保护	1	
工伤保险制度	1	
劳动争议的解决	1	

9.1 劳动合同制度

Tips：平均考核4分。强力预测考核：2个单选和1个多选。

一、单项选择题

1. 某施工企业的下列劳动者中，有权要求与企业订立无固定期限劳动合同的是（　　）。【必会】

A.在该施工企业连续工作刚满8年的张某

B.在该施工企业工作满2年，并被任命为总经理的王某

C.在该施工企业已经连续订立2次固定期限劳动合同，因工负伤调整到其他工作岗位的李某

D.在该施工企业累计工作刚满10年，在此期间曾离开过企业1年的刘某

2. 关于非全日制用工的说法，正确的是（　　）。【必会】

A.非全日制用工双方当事人可以订立口头协议

B.非全日制用工以日计酬为主

C.劳动者在不同用人单位每周工作时间不超过24小时的，为非全日制用工

D.劳动者在同一用人单位每日工作时间不超过4小时的，为非全日制用工

3. 用人单位与劳动者建立劳动关系的时间是（　　）。【必会】

A.劳动合同订立之日　　B.劳动合同备案之日

C.劳动合同经行政主管部门批准之日　　D.用工之日

4. 根据《劳动合同法》的规定，用人单位不必提前预告即可与劳动者解除劳动合同的情形是（　　）。【必会】

A.用人单位生产经营发生严重困难的

B.劳动者在试用期间被证明不符合录用条件的

C.劳动者患病不能从事原工作的

D.劳动者受到行政处罚的

二、多项选择题

5. 根据《劳动合同法》的规定，按劳动合同期限划分，劳动合同的类型包括（　　）。【必会】

A.固定期限劳动合同　　B.短期劳动合同

C.长期劳动合同　　D.无固定期限劳动合同

E.以完成一定工作任务为期限的劳动合同

6. 下列情形中，劳动者提出或者同意续订、订立劳动合同的，除劳动者提出订立固定期限劳动合同外，用人单位应当与劳动者订立无固定期限劳动合同的有（　　）。【必会】

A.乙连续2次与某施工企业订立期限为2年的劳动合同，续订劳动合同的

B.丁应聘时要求订立无固定期限劳动合同的

C.用人单位未及时缴纳社会保险，戊要求订立无固定期限劳动合同的

D.甲在某施工企业连续工作超过10年的

E.用人单位初次实行劳动合同制度时，丙在该用人单位连续工作满10年且距法定退休年龄不足10年的

7. 下列条款中，劳动合同应当具备的条款有（　　）。【必会】

A.试用期

B.社会保险

C.工作方法与要求

D.劳动合同期限

E.工作内容和工作地点

知识点睛

欺诈、胁迫之下订立的劳动合同，无效；订立的民事合同，可撤销。

9.2　劳动用工和工资支付保障

Tips：平均考核1分。强力预测考核：1个单选或1个多选。

一、单项选择题

1. 关于最低工资保障制度的说法，正确的是（　　）。【必会】

A.最低工资的具体标准由国务院规定

B.最低工资的具体标准包括特殊情况下延长工作时间工资

C.最低工资的具体标准包括特殊工作环境条件下的津贴

D.用人单位支付劳动者的工资不得低于当地最低工资的具体标准

2. 关于农民工工资保证金的说法，正确的是（　　）。【熟悉】

A.建设单位在银行开立工资保证金专门账户，按施工合同额的一定比例存储农民工工资保证金

B.工资保证金按工程施工合同额的一定比例存储，原则上不低于1%，不超过3%

C.施工总承包单位在同一工资保证金管理地区有多个在建工程，存储比例可适当下浮但不得低于施工合同额的0.7%

D.施工合同额低于300万元的工程，免除该工程存储工资保证金

二、多项选择题

3. 关于工资支付保障制度，说法正确的是（　　）。【熟悉】

A.工资至少每月支付一次，实行周、日、小时工资制的，可按周、日、小时支付工资

B.劳动者在婚假、丧假、病假期间，用人单位应按劳动合同规定支付劳动者工资

C.劳动者在法定工作时间内依法参加社会活动期间，用人单位应视同其提供了正常劳动而支付工资

D.用人单位依法安排劳动者延长工作时间的，按照不低于劳动合同规定的劳动者本人小时工资标准的150%支付劳动者工资

E.用人单位依法安排劳动者在法定休假节日工作的，按照不低于劳动合同规定的劳动者本人日或小时工资标准的200%支付劳动者工资

4. 关于劳务派遣的说法，正确的有（　　）。【必会】

A.经营劳务派遣业务，应当向劳动行政部门申请行政许可

B.劳务派遣用工劳动只能在临时性、辅助性或者替代性的工作岗位上实施

C.用工单位可以将被派遣劳动者再派遣到其他用人单位

D.劳务派遣用工方式使劳动者的聘用与使用分离

E.除岗前培训费以外，劳务派遣单位不得再向被派遣劳动者收取费用

5. 关于劳务派遣的说法，正确的有（　　）。【必会】

A.实施劳务派遣的，由用工单位与劳动者订立劳动合同

B.劳务派遣的显著特征是劳动者的聘用与使用分离

C.经营劳务派遣业务，应当向劳动行政部门依法申请行政许可

D.被派遣劳动者在无工作期间，劳务派遣单位无须向其支付报酬

E.劳务派遣可以在替代性的工作岗位上实施

9.3 劳动安全卫生和保护

Tips：平均考核1分。强力预测考核：1个单选或1个多选。

一、单项选择题

1. 某女职工与用人单位订立劳动合同，从事后勤工作，约定劳动合同期限为两年，关于该女职工权益保护的说法，正确的是（　　）。【必会】

A.公司应当定期安排该女职工进行健康检查

B.若该女职工哺乳的孩子已满18个月，公司可以安排夜班劳动

C.公司可以以女职工怀孕为由解除劳动合同

D.若该女职工已怀孕5个月，公司不得安排夜班劳动

2. 关于女职工特殊保护的说法，正确的是（　　）。【必会】

A.女职工在孕期，用人单位不得延长劳动时间

B.女职工不得从事矿山井下作业

C.用人单位因女职工怀孕降低工资的，不得低于当地最低工资标准

D.怀孕女职工在劳动时间内进行产前检查，所需时间不计入劳动时间

3. 根据《职业病防治法》的规定，劳动者享有的职业卫生保护权利是（　　）。【熟悉】

A.获得职业安全教育培训

B.要求用人单位提供安全防护设施

C.建立职业卫生管理制度和操作规程

D.对职业病防治工作提出意见和建议

4. 关于职业病防治管理的说法，正确的是（　　）。【必会】

A.用人单位工作场所存在疾病危害因素的应当向所在地安全生产监督管理部门申报危害项目，接受安全生产监督

B.安全生产监督管理部门应当定期对工作场所进行职业病危害因素检测、评价

C.职业病危害因素检测、评价结果，应当由安全生产监督管理部门向社会公布

D.产生职业病危害的用人单位，应当在醒目位置设置公告栏，公布有关职业病防治的规章制度和操作规程

二、多项选择题

5. 关于未成年工劳动保护的说法，正确的有（　　）。【必会】

A.用人单位在未成年工上岗前应当对其进行有关的职业安全卫生教育和培训

B.用人单位不得安排未成年工从事矿山井下的劳动

C.用人单位应当对未成年工定期进行健康检查

D.用人单位不得安排未成年工从事建设工程施工的劳动

E.用人单位不得安排未成年工从事国家规定的第4级劳动强度的劳动

6. 某单位如下工作安排中，符合《劳动法》劳动保护规定的有（　　）。【必会】

A.安排女工赵某在经期从事二级冷水作业

B.安排怀孕6个月的女工钱某从事夜班工作

C.批准女工孙某休产假100天

D.安排15周岁的周某担任仓库管理员

E.安排17周岁的李某担任矿井安检员

知识点睛

未成年工和女职工平时保护措施相似，但定期健康检查属于未成年工特有。

9.4　工伤保险制度

Tips：平均考核 1 分。强力预测考核：1 个单选。

单项选择题

1. 根据《建筑法》和《工伤保险条例》的规定，关于工程建设领域工伤保险的说法，正确的是（　　）。【必会】

A.工伤保险是法定的鼓励性保险

B.工伤保险是针对施工现场从事危险作业的特殊群体的保险

C.建设单位应当依法按时为施工人员缴纳工伤保险

D.工伤保险是面向施工企业全体职工的保险

2. 职工的下列情形中，不得认定为工伤的是（　　）。【必会】

A.在工作时间和工作场所内，因工作原因受到事故伤害的

B.工作时间之前在工作场所内，从事与工作有关的预备性工作受到事故伤害的

C.在工作时间和工作场所内，自残的

D.在工作时间和工作场所内，因履行工作职责受到暴力等意外伤害的

3. 施工企业必须为职工办理的保险是（　　）。【必会】

A.意外伤害险　　B.工伤保险

C.职业责任险　　D.财产险

4. 根据《工伤保险条例》的规定，职工有下列情形的，应当认定为工伤的是（　　）。【必会】

A.因工外出期间，发生事故下落不明的　　B.因被单位领导批评，想不开自杀的

C.因醉酒，上班期间摔伤的　　D.吸毒后，开车上班途中撞到前车受伤的

知识点睛

不认定或视同工伤：故意犯罪；醉酒或吸毒；自残或自杀的。

9.5　劳动争议的解决

Tips：平均考核1分。强力预测考核：1个单选或1个多选。

一、单项选择题

1. 关于劳动争议调解的说法，正确的是（　　）。【必会】

A.劳动争议调解的原则是公平、公正、公开

B.只有当事人提出申请，劳动争议调解程序才能启动

C.企业劳动争议调解委员会由职工代表、企业代表和劳动行政主管部门代表组成

D.经调解达成调解协议的，调解委员会应当制作调解协议书

2. 下列关于劳动争议调解程序的表述，正确的是（　　）。【必会】

A.劳动争议调解是必经程序

B.劳动争议调解只能由劳动者申请

C.劳动争议调解由调解员主持

D.申请劳动争议调解可以书面申请也可以口头申请

3. 小林与其工作单位因合同履行的问题发生争议，下列关于双方劳动争议调解程序的说法，正确的是（　　）。【必会】

A.若小林想申请劳动争议调解，只能书面申请

B.一旦达成调解协议，双方必须遵守调解协议书，具有强制力

C.若双方调解不成，可以向劳动争议仲裁委员会申请仲裁

D.调解协议书由双方当事人签名后即可生效

二、多项选择题

4. 下列纠纷中，属于劳动争议范围的有（　　）。【必会】

A.劳动者与用人单位在履行劳动合同中发生的纠纷

B.劳动者请求社会保险经办机构发放社会保险金的纠纷

C.劳动者与用人单位因住房制度改革产生的公有住房转让纠纷

D.因除名、辞退和辞职、离职发生的纠纷

E.劳动者退休之后与尚未参加社会保险的用人单位因追索养老金、医疗费、工伤保险待遇和其他社会保险待遇发生的纠纷

5. 下列纠纷中，属于劳动争议范围的有（　　）。【必会】

A.因劳动保护发生的纠纷

B.家庭与家政服务人员之间的纠纷

C.个体工匠与学徒之间的纠纷

D.劳动者请求社会保险经办机构发放社会保险金的纠纷

E.劳动者与用人单位未订立书面劳动合同，但已经形成劳动关系后发生的纠纷

知识点睛

①劳动纠纷自知道或应当知道之日1年内先裁后审。

②劳动争议仲裁委员会不予受理或逾期未决定的，可以向法院起诉。

第10章 建设工程争议解决法律制度

考情解密

本章内容主要涉及建筑行业的纠纷法律制度，虽然分值占比较高，但本章专业性强且难度大，故不建议学员投入过多精力学习。本章重点考查的是仲裁制度、民事诉讼制度。

各节名称	预计分值	本章重点
建设工程争议和解、调解制度	1	（1）人民调解、仲裁调解、法院调解。 （2）仲裁协议、仲裁庭、裁决的执行和撤销。 （3）管辖、诉讼时效。 （4）行政复议、行政诉讼。
仲裁制度	3	
民事诉讼制度	3	
行政复议制度	1	
行政诉讼制度	2	

10.1 建设工程争议和解、调解制度

Tips：平均考核 1 分。强力预测考核：1 个单选。

单项选择题

1. 关于仲裁调解的说法，正确的是（　　）。【必会】

A.仲裁调解书经双方当事人签收后即发生法律效力

B.仲裁裁决书的法律效力高于仲裁调解书

C.仲裁调解达成协议的，仲裁庭应当根据协议的内容制作裁决书

D.仲裁调解书签收前当事人反悔的，当事人应当重新申请仲裁

2. 关于人民调解的说法，正确的是（　　）。【必会】

A.经人民调解委员会调解达成调解协议的，必须制作调解协议书

B.经人民调解委员会调解达成的调解协议，具有法律强制力

C.调解协议的履行发生争议的，一方当事人可以向人民法院申请强制执行

D.经人民调解委员会调解达成协议之后，双方当事人可以共同向人民法院申请司法确认

3. 根据《民事诉讼法》，关于法院调解的说法，正确的是（　　）。【必会】

A.调解书的效力低于判决书

B.人民法院进行调解，可以邀请有关单位和个人协助

C.调解达成的所有协议，人民法院均应当制作调解书

D.人民法院审理民事案件，在判决作出之前应当进行调解

知识点睛

调解由第三人主持，可能产生强制力，政府调解除外；和解由当事人之间自愿协商，无第三人主持，无强制执行力。

10.2　仲裁制度

Tips：平均考核 3 分。强力预测考核：1 个单选和 1 个多选。

一、单项选择题

1. 关于仲裁的说法，正确的是（　　）。【必会】

A.没有仲裁协议或者仲裁协议无效的，法院对当事人的纠纷应当予以受理

B.对于仲裁协议有效的仲裁案件，法院仍具有管辖权

C.只要一方当事人申请仲裁，仲裁委员会都应当予以受理

D.仲裁裁决作出后，当事人就同一纠纷向法院起诉的，法院应当予以受理

2. 关于仲裁协议效力确认的说法，正确的是（　　）。【必会】

A.当事人对仲裁协议效力有异议的，应当在仲裁裁决作出前提出

B.当事人可以请求仲裁委员会作决定，也可以请求人民法院裁定

C.当事人对仲裁委员会就仲裁协议效力作出的决定不服的，可以向人民法院申请撤销该决定

D.当事人向人民法院申请确认仲裁协议效力的案件，只能由仲裁协议确定的仲裁委员会所在地的中级人民法院管辖

3. 有效仲裁协议的内容不包括（　　）。【熟悉】

A.请求仲裁的意思表示　　B.仲裁事项

C.具体的仲裁事实、理由　　D.选定的仲裁委员会

二、多项选择题

4. 关于仲裁程序的说法，正确的有（　　）。【必会】

A.当事人可以委托律师和其他代理人进行仲裁活动

B.被申请人未提交答辩书的，仲裁程序延期进行

C.当事人达成有效仲裁协议，一方向人民法院起诉未声明有仲裁协议，人民法院受理后，另一方在首次开庭前提交仲裁协议的，人民法院应当驳回起诉

D.仲裁委员会收到仲裁申请书后认为不符合受理条件的，可以口头通知当事人说明理由

E.当事人达成有效仲裁协议，一方向人民法院起诉未声明有仲裁协议，人民法院受理后，另一方在首次开庭前未对人民法院受理该案提出异议的，视为放弃仲裁协议

知识点睛

①合同或其他财产纠纷或裁或审，但中级人民法院有权监督仲裁协议是否有效、仲裁裁决是否有错。

②民事纠纷一般三年内或裁或审，劳动纠纷一年内先裁后审。

③一般情况下，民事诉讼开庭公开审理，两审终审，两年内一审法院强制执行；仲裁开庭不公开审理，一裁终局，两年内被申请人或执行财产地中院执行。

10.3　民事诉讼制度

Tips：平均考核 3 分。强力预测考核：1 个单选和 1 个多选。

一、单项选择题

1. 关于民事诉讼中移送管辖的说法，正确的是（　　）。【必会】

A.移送管辖是没有管辖权的法院把案件移送给有管辖权的法院管理

B.移送管辖限于上下级法院之间

C.受移送的人民法院认为受移送的案件不属于本院管辖的，可以再自行移送

D.移送管辖与管辖权转移的程序完全相同

2. 关于民事诉讼管辖权异议的说法，正确的是（　　）。【必会】

A.人民法院受理案件后，当事人对管辖权有异议的，应当在法庭辩论终结前提出

B.当事人未提出管辖权异议并应诉答辩的，视为受诉人民法院有管辖权

C.人民法院对当事人提出的异议，审查后认为异议成立的，裁定驳回起诉

D.对人民法院就级别管辖权异议作出的裁定，当事人不得提起上诉

3. 关于人民法院管辖权的说法，正确的是（　　）。【熟悉】

A.两个以上人民法院都有管辖权的诉讼，原告可以向其中一个人民法院起诉

B.原告向两个以上有管辖权的人民法院起诉的，由最先受理的人民法院管辖

C.有管辖权的人民法院由于特殊原因，不能行使管辖权的，移送上级人民法院直接管辖

D.人民法院之间因管辖权发生争议，报请共同上级人民法院直接管辖

4. 关于民事诉讼中的第三人，说法正确的是（　　）。【熟悉】

A.第三人属于狭义的民事诉讼当事人

B.人民法院判决承担民事责任的第三人，有当事人的诉讼权利和义务

C.对当事人双方的诉讼标的，第三人认为有独立请求权的，只能参加诉讼，不得提起诉讼

D.对当事人双方的诉讼标的，第三人虽然没有独立请求权，但案件处理结果同他有法律上的利害关系的，只能由人民法院通知其参与诉讼

二、多项选择题

5. 合同双方当事人可以在书面合同中协议选择（　　）人民法院，以解决双方争议纠纷。【必会】

A.被告住所地　　B.合同备案地

C.合同签订地　　D.合同履行地

E.原告住所地

6. 下列当事人提交的证据中，可以单独作为认定案件事实根据的有（ ）。【必会】

A.与书证原件核对无误的复印件

B.有其他证据佐证并以合法手段取得的、无疑点的视听资料

C.与一方当事人或者其代理人有利害关系的证人出具的证言

D.无法与原件、原物核对的复印件、复制品

E.无正当理由未出庭作证的证人证言

知识点睛

①管辖权异议：当事人异议→法院裁定成立→移送给有管辖权的法院。

②级别管辖、专属管辖一般不得违反。

③不能单独作为认定事实依据，若有其他证据佐证，可共同认定案件事实。

④诉讼时效的意义：督促权利人及时行使权利，诉讼时效已过，当事人仍可以起诉，但有败诉风险。

⑤一般情况下，客观因素导致诉讼时效中止，时效暂停；主观因素导致诉讼时效中断，时效重新计算。

⑥民事诉讼程序：一审（起诉）→二审（上诉）→再审/审判监督（申诉）→执行。

10.4 行政复议制度

Tips：平均考核1分。强力预测考核：1个单选。

单项选择题

1. 关于行政复议决定，做法正确的是（ ）。【必会】

A.行政复议采取书面审查的办法

B.行政复议机关决定撤销该具体行政行为的，可以责令申请人一定期限内重新作出具体行政行为

C.行政复议决定作出前，申请人不得撤回行政复议申请

D.申请人不得在申请行政复议时一并提出行政补偿请求

2. 关于行政复议申请的说法，正确的是（　　）。【必会】

A.有权对某一行政行为申请行政复议的公民死亡的，该行政行为不得再被申请行政复议

B.因不动产提出的行政复议申请自行政行为作出之日起超过20年的，行政复议机关不予受理

C.作出行政行为的行政机关被撤销的，不得再对其作出的行政行为申请复议

D.申请人申请行政复议，应当书面提出

3. 关于行政复议的说法，正确的是（　　）。【必会】

A.行政复议既可以解决行政争议，也可以解决民事或者其他争议

B.国防、外交等国家行为可申请行政复议

C.行政复议是对具体行政行为的一种法律救济制度

D.行政复议决定具有终局性

4. 行政机关作出的下列决定中，当事人不能申请行政复议的是（　　）。【必会】

A.行政处分或者其他人事处理决定

B.限制人身自由的行政强制措施决定

C.罚款、没收非法财物等行政处罚决定

D.有关许可证、执照等证书变更、中止、撤销的决定

知识点睛

①行政复议与行政诉讼范围相似，可以先60日内行政复议再15日内行政诉讼，也可以不复议6个月内直接诉讼，不能先诉讼再复议。

②纠纷解决的方式：一般可书面可口头，但仲裁协议的形式、行政复议的审查要求书面。

10.5 行政诉讼制度

Tips：平均考核2分。强力预测考核：2个单选。

单项选择题

1. 关于行政诉讼审理的说法，正确的是（　　）。【必会】

A.诉讼期间，不停止行政行为的执行

B.人民法院公开审理行政案件，当事人申请不公开审理的，可以不公开

C.当事人对停止执行或者不停止执行的裁定不服的，不得申请复议

D.人民法院审理行政赔偿案件，不适用调解

2. 下列属于人民法院行政诉讼受理范围的是（　　）。【必会】

A.行政机关为作出行政行为而实施的准备、论证、研究、层报、咨询等过程性行为

B.驳回当事人对行政行为提起申诉的重复处理行为

C.认为行政机关滥用行政权力排除或者限制竞争的行为

D.调解行为以及法律规定的仲裁行为

3. 下列主体中，不能作为行政诉讼被告的是（　　）。【必会】

A.某区区长　　B.某大学

C.某居委会　　D.某造价师协会

4. 下列行政诉讼案件中，可以适用调解的是（　　）。【必会】

A.对行政机关作出的关于确认山岭使用权的决定不服的

B.认为行政机关侵犯其经营自主权的

C.认为行政机关限制竞争的

D.请求行政赔偿的

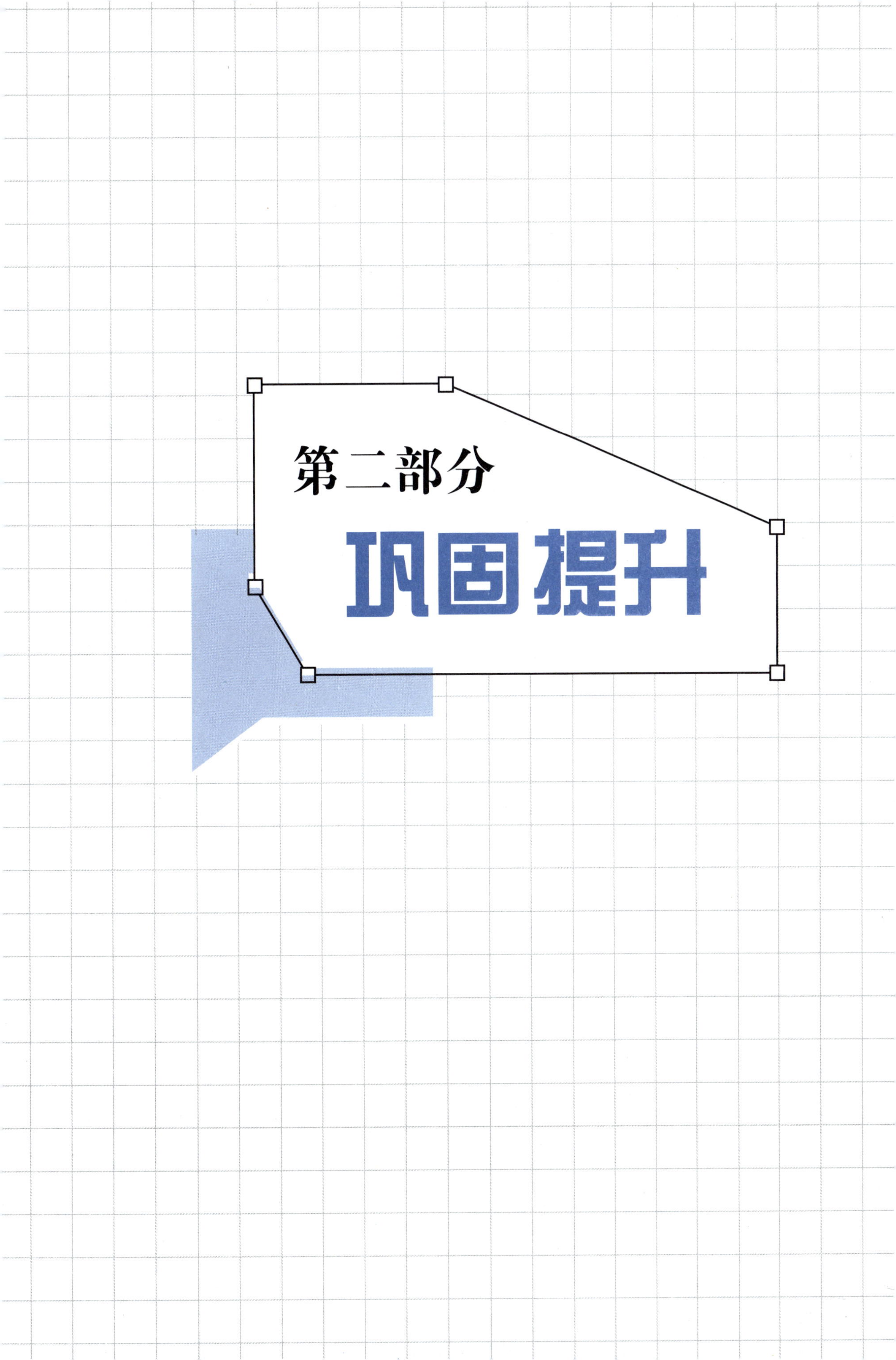

第二部分

巩固提升

通关必做卷一（基础阶段测试）

试卷总分：100分

一、单项选择题（共60题，每题1分，每题的备选项中，只有1个最符合题意）

1. 下列关于法的表述，正确的是（　　）。

A.案例是我国法的形式

B.行政法规效力高于法律

C.地方性法规与部门规章冲突由国务院裁定

D.公民认为行政法规同宪法或法律抵触的，可以向全国人大常委会提出审查

2. 根据授权制定的法规与法律冲突，由（　　）裁决。

A.最高人民法院　　B.国务院

C.全国人民代表大会　　D.全国人民代表大会常务委员会

3. 下列物权中，自合同生效时设立的是（　　）。

A.地役权　　B.建设用地使用权

C.居住权　　D.机动车所有权

4. 关于建设用地使用权流转的说法，正确的是（　　）。

A.建设用地使用权的流转方式不包括出资、赠与或者抵押

B.建设用地使用权流转时，当事人应当采取书面形式订立合同

C.流转后的使用期限不能由当事人约定

D.建设用地使用权流转时，附着于该土地上的构筑物不随之处分

5. 知识产权法的下列保护对象中，属于专利法保护对象的是（　　）。

A.为施工绘制的工程设计图　　B.施工企业编制的投标文件

C.项目经理完成的工程报告　　D.施工企业研发的新技术方案

6. 下列情形之一属于附加刑是（　　）。

A.管制　　B.死刑

C.罚金　　D.拘役

7. 关于民事法律行为委托代理的说法，正确的是（　　）。

A.委托代理授权应当采用书面形式

B.委托代理授权不明的，代理人应当承担全部法律责任

C.同一代理事项的委托代理人可以为数人

D.代理人知道代理事项违法仍然实施代理行为的，应当承担全部法律责任

8. 关于建筑业企业资质证书变更的说法，正确的是（　　）。

A.建筑业企业资质证书遗失补办的，由申请人告知资质许可机关，由资质许可机关在官网发布信息

B.企业在建筑业企业资质证书有效期内注册资本发生变更的，不必办理资质证书变更手续

C.国务院住房城乡建设主管部门颁发的建筑业资质证书的变更，企业应当直接向国务院城乡建设主管部门提出变更申请

D.企业发生合并、分立、重组以及改制等事项时，可以直接承继原建筑业企业资质

9. 关于二级建造师变更注册的说法，正确的是（　　）。

A.变更注册后，注册有效期重新计算

B.因变更注册申报不及时导致工程项目出现损失的，由注册建造师承担责任

C.变更注册只能由原聘用企业申请

D.申请变更注册应当提交工作调动证明

10. 下列关于规划条件变更的说法，正确的是（　　）。

A.因依法修改城乡规划给被许可人合法权益造成损失的，应当依法给予赔偿

B.施工单位向城市、县人民政府城乡规划主管部门提出规划变更申请

C.总平面图确需修改的，城乡规划主管部门应当采取听证会等形式，听取利害关系人的意见

D.应当由全国人大常委会监督各地城乡规划的实施情况

11. 在建工程中止施工，建设单位应当在（　　）向发证机关报告，并做好维护管理工作。

A.1个月内　　B.3个月内　　C.6个月内　　D.12个月内

12. 关于工程总承包单位的说法，正确的是（　　）。

A.工程总承包单位不得是工程总承包项目的代建单位

B.建设单位应当采用招标方式选择工程总承包单位

C.工程总承包单位可以是具有相应工程设计资质的设计单位

D.工程总承包单位不得是联合体

13. 下列情形中，属于违法分包的是（　　）。

A.施工总承包单位将施工总承包合同中的幕墙工程分包给具有相应资质单位的

B.施工总承包单位将施工总承包合同中的钢结构工程分包给具有相应资质单位的

C.专业分包单位将其承包的专业工程中的劳务作业部分分包的

D.专业作业承包人除计取劳务作业费用外，还计取主要建筑材料款和大中型施工机械设备、主要周转材料费用的

14. 必须招标范围内各类工程项目，达到下列规模必须招标的是（　　）。

A.施工单项合同估算价为380万元

B.重要设备的采购单项合同估算价为280万元

C.设计服务的采购单项合同估算价为80万元

D.监理服务的采购单项合同估算价为50万元

15. 招标人的下列行为中，属于以不合理条件限制、排斥潜在投标人或者投标人的是（　　）。

A.组织投标人踏勘现场　　B.要求提供类似业绩

C.指定特定的专利　　D.对投标人进行资格预审

16. 下列关于开标的说法，正确的是（　　）。

A.开标应当在招标文件确定的提交投标文件截止时间之后3日内进行

B.开标的主持者是招标代理机构

C.开标时由行政监督部门检查投标文件的密封情况

D.招标人在招标文件要求提交投标文件的截止时间前收到的所有投标文件，开标时都应当众予以拆封、宣读

17. 关于联合体投标的说法，正确的是（　　）。

A.由同一专业的单位组成的联合体，按照资质等级较低的单位确定资质等级

B.招标人可以要求投标人必须组成联合体共同投标

C.联合体中标的，联合体各方按照联合体协议就中标项目分别向招标人承担责任

D.联合体各方可以在同一招标项目中以自己名义再进行单独投标

18. 发售招标文件收取的费用应当限于补偿（　　）的成本支出。

A.编制招标文件　　B.印刷、邮寄招标文件

C.招标人办公　　D.招标活动

19. 下列关于招标人和中标人订立合同的说法，正确的是（　　）。

A.双方应自中标通知书发出之日起15日内订立书面合同

B.合同的标的、质量、价款、履行期必须与招标文件和投标文件的内容一致

C.如果市场行情有变，双方应就价款另行订立合同

D.中标人可向他人转让中标项目

20. 下列关于投标保证金的说法，正确的是（　　）。

A.投标保证金一般不得高于标底的2%

B.投标人在投标有效期内可挪用投标保证金

C.投标保证金的有效期与投标有效期相同

D.实行两阶段招标的，投标保证金应当在第一阶段提供

21. 下列关于合同撤销权行使的期限说法，正确的是（　　）。

A.一般情况下，当事人自知道或者应当知道撤销事由之日起2年内行使撤销权

B.重大误解的当事人自知道或者应当知道撤销事由之日起30日内行使撤销权

C.当事人受胁迫，自胁迫行为终止之日起1年内没有行使撤销权，撤销权消灭

D.当事人自民事法律行为发生之日起3年内没有行使撤销权的，撤销权消灭

22. 下列关于无效合同的说法，正确的是（　　）。

A.无效的合同自被认定无效时没有法律约束力

B.合同无效，合同中有关解决争议方法的条款的效力也因此无效

C.合同无效，行为人因该行为取得的财产，可不予返还

D.施工合同无效，即使工程经验收合格的，可以参照合同关于工程价款的约定折价补偿承包人

23. 2015年9月15日，甲公司与丙公司订立书面协议转让其对乙公司的30万元债权，同年9月25日甲公司将该债权转让通知了乙公司。关于该案的说法，正确的是（　　）。

A.甲公司与丙公司之间的债权转让协议于2015年9月25日生效

B.甲公司与丙公司之间的债权转让行为于2015年9月25日对乙公司发生效力

C.丙公司自2015年9月15日起可以向乙公司主张30万元的债权

D.甲公司和乙公司就30万元债务的清偿对丙公司承担连带责任

24. 当事人协商一致，可以变更合同。当事人对合同变更的内容约定不明确的，推定为（　　）。

A.合同效力待定　　B.合同可撤销

C.未变更　　D.合同无效

25. 承包人应当在合理期限内行使建设工程价款优先受偿权，自（　　）起算。

A.提交竣工验收报告之日　　B.转移占有建设工程之日

C.发包人应当给付建设工程价款之日　　D.实际交付工程之日

26. 下列关于垫资的说法，正确的是（　　）。

A.当事人对垫资有约定，承包人请求按照工程欠款处理的，人民法院应予支持

B.任何主体投资的项目均可以垫资

C.当事人对垫资没有约定的，按照工程欠款处理

D.当事人对垫资利息没有约定，承包人请求支付利息的，人民法院应予支持

27. 下列不属于无效的施工合同情形的是（　　）。

A.合法有效的承包人未取得建筑业企业资质的

B.没有资质的实际施工人借用有资质的建筑施工企业名义的

C.建设工程必须进行招标而未招标或者中标无效的

D.工程总承包单位将劳务分包给有资质的劳务分包单位

28. 下列关于买卖合同的说法，正确的是（　　）。

A.买卖合同是一种不转移财产所有权的合同

B.买卖合同是无偿合同

C.买卖合同是单务合同

D.买卖合同是诺成合同

29. 自然人之间的借款合同，自（　　）时成立。

A.口头约定　　B.借款人提供借款

C.贷款人提供借款　　D.签订合同

30. 根据《民法典》的规定，关于保证合同的说法，正确的是（　　）。

A.保证合同是主债权债务合同的从合同

B.保证合同只能是有偿合同

C.保证合同的双方当事人是保证人与债务人

D.保证合同的责任方式为连带责任保证

31. 租赁合同可以约定租赁期限，租赁期限超过20年的（　　）。

A.租赁合同无效　　B.超过部分无效
C.经协商超过部分有效　　D.应当到法院撤销该合同

32. 关于承揽合同的说法，正确的是（　　）。
A.承揽合同由定作人负责提供相关设备或者技术
B.承揽合同以完成一定的工作并交付工作成果为标的
C.承揽人工作不具有独立性
D.承揽人享有法定任意解除权

33. 因下列原因导致运输过程中货物毁损的情形中，由承运人承担赔偿责任的是（　　）。
A.不可抗力　　B.货物本身的自然性质
C.承运人未按约定路线行驶　　D.托运人申报不实

34. 下列责任中属于设计单位安全责任的是（　　）。
A.确定安全施工措施所有费用
B.对施工安全技术措施进行审查
C.审查专项施工方案是否符合工程建设强制性标准
D.对涉及施工安全的重点部位和环节在设计文件中注明，并对预防生产安全事故提出指导意见

35. 下列选项中，属于建设单位安全责任的是（　　）。
A.编制施工安全规章制度和操作资料
B.保证设计文件符合工程建设强制性标准
C.对拆除工程进行备案
D.为从事特种作业的施工人员办理意外伤害保险

36. 建筑施工企业的安全生产许可证由（　　）省级人民政府住房城乡建设行政主管部门颁发。
A.施工行为地　　B.企业注册地
C.建设工程合同履行地　　D.建设工程合同签订地

37. 根据《建筑施工企业安全生产许可证管理规定》的规定，建筑施工企业取得安全生产许可证应当经过住房城乡建设主管部门或者其他有关部门考核合格的人员是（　　）。
A.主要负责人、部门负责人和项目负责人

B.主要负责人、项目负责人和专职安全生产管理人员

C.部门负责人、项目负责人和专职安全生产管理人员

D.主要负责人、项目负责人和从业人员

38. 根据《建筑施工企业负责人及项目负责人施工现场带班暂行办法》的规定，关于施工企业负责人施工现场带班制度的说法，正确的是（　　）。

A.建筑施工企业负责人，是指企业的法定代表人、总经理，不包括主管质量安全和生产工作的副总工程师

B.建筑施工企业负责人要定期带班检查，每月检查时间不少于其工作日的20%

C.有分公司的企业集团负责人因故不能到现场的，可口头委托工程所在地的分公司负责人对施工现场进行带班检查

D.建筑施工企业负责人带班检查时，应认真做好检查记录，并分别在企业和工程项目中存档备查

39. 下列关于危大工程安全专项施工方案的说法，正确的是（　　）。

A.建设单位应当在危大工程施工前组织工程技术人员编制专项施工方案

B.专项施工方案应当由施工单位技术负责人审核签字、加盖单位公章，并由监理工程师审查签字、加盖执业印章后方可实施

C.建设单位应当依法提供真实、准确、完整的工程地质、工程周边环境等资料

D.施工单位应当按照专项施工方案组织施工，一定情况下可自行修改专项施工方案

40. 《危险性较大的分部分项工程安全管理办法》规定，对于超过一定规模的危险性较大的分部分项工程，（　　）应当组织召开专家论证会对专项方案进行论证。

A.建设单位　　B.监理单位

C.施工单位　　D.设计单位

41. 某项目在施工过程中脚手架坍塌，造成5人死亡，60人重伤，直接经济损失900余万元。该事故属于（　　）。

A.一般事故　　B.较大事故

C.重大事故　　D.特别重大事故

42. 下列关于终止施工安全监督的说法，正确的是（　　）。

A.工程项目完工办理竣工验收前，施工单位应当向监督机构申请办理终止施工安全监督手续

B.监督机构收到建设单位提交的资料后，经查验符合要求的，在60个工作日内发放《终止施工安全监督告知书》

C.监督机构应当按照有关规定，对项目安全生产标准化作出评定，并向施工单位发放《项目安全生产标准化考评结果告知书》

D.工程项目终止施工安全监督后，形成工程项目的施工安全监督档案，保存期限5年，自归档之日起计算

43. 关于团体标准的说法，正确的是（　　）。

A.国家鼓励社会团体制定高于推荐性标准相关技术要求的团体标准

B.在关键共性技术领域应当利用自主创新技术制定团体标准

C.制定团体标准的一般程序包括准备、征求意见、送审和报批四个阶段

D.团体标准对本团体成员强制适用

44. 关于工程监理的说法，正确的是（　　）。

A.监理单位可以对工程款的支付进行管理

B.所有的住宅小区工程均须实行监理

C.强制监理的工程无须订立监理合同

D.工程的设计单位不得进行该工程的监理

45. 根据《建设工程质量管理条例》的规定，关于建设单位质量责任和义务的说法，正确的是（　　）。

A.建设单位当就审查合格的施工图设计文件向施工企业进行技术交底

B.建设单位不得明示或暗示设计单位违反抗震设防强制性标准，降低工程抗震性能

C.建设单位在开工后，应当尽快办理工程质量监督手续

D.建设单位应当对其采购的材料、设备进行使用前的检验和试验

46. 关于建设工程见证取样的说法，正确的是（　　）。

A.涉及结构安全的试块、试件和材料见证取样和送检比例不得低于有关规定的30%

B.墙体保温材料必须实施见证取样和送检

C.取样人员应在试样或其包装上作出标识、封志，由见证人员签字后即可

D.见证人员应由施工企业中具备施工试验知识的专业技术人员担当

47. 下列属于竣工验收应当具备的法定条件是（　　）。

A.完成建设工程设计和合同约定的大部分内容

B.有完整的技术档案和施工管理资料

C.有工程使用的所有的建筑材料、建筑构配件和设备的进场试验报告

D.有施工单位签署的履约保证书

48. 根据《城市建设档案管理规定》的规定，建设单位应当在工程竣工验收后（　　）个月内，向城建档案馆报送一套符合规定的建设工程档案。

A.1　　B.3　　C.6　　D.12

49. 施工单位所承建的某高校办公楼，建设单位未经验收就提前使用。5年后，该办公楼主体结构出现质量问题，则下列说法正确的是（　　）。

A.主体结构的最低保修期限应是30年，施工单位需要承担保修责任

B.由于建设单位提前使用，施工单位不需要承担保修责任

C.施工单位是否承担保修责任，取决于建设单位是否已经足额支付工程款

D.主体结构的最低保修期限是设计的合理使用年限，施工单位应当承担保修责任

50. 关于建设工程质量保证金的说法，正确的是（　　）。

A.在工程项目竣工前已经缴纳履约保证金的，建设单位不得同时预留工程质量保证金

B.建设工程质量保证金总预留比例不得高于工程价款结算总额的5%

C.承包人不得以银行保函替代预留保证金

D.采用工程质量保险的，发包人可以同时预留保证金

51. 暂时不能开工的建设用地，超过（　　）的，应当进行绿化、铺装或者遮盖。

A.1个月　　B.3个月　　C.2个月　　D.6个月

52. 经有关部门依法办理批准手续后，可以在历史文化名城、名镇、名村保护范围内进行的活动是（　　）。

A.修建生产储存腐蚀性物品的仓库　　B.占有保护规划确定保留的道路

C.在核心保护范围内进行影视拍摄　　D.在历史建筑上刻画

53. 下列关于评标及评标委员会的说法，正确的是（　　）。

A.评标由招标人依法组建的评标委员会负责

B.评标委员会由投标人的代表和有关技术、经济等方面的专家组成

C.评标委员会成员应当向招标人征询确定中标人的意向

D.投标人提出的澄清、说明，评标委员会都应当接受

54. 马某与某施工企业订立了一份2年期限的劳动合同，合同约定了试用期，同时约定合同生效时间为5月1日，则试用期最晚应当截止于（　　）。

A.11月1日　　B.8月1日　　C.7月1日　　D.6月1日

55. 劳动者的下列情形中，用人单位可以随时解除劳动合同的是（　　）。

A.在试用期后被证明不符合录用条件　　B.严重违反用人单位的规章制度

C.被起诉有大量欠债　　D.经常生病不能从事岗位工作

56. 下列关于劳务派遣的说法，正确的是（　　）。

A.在劳务派遣中，劳务派遣单位与劳动者订立劳务派遣协议

B.在劳务派遣中，用工单位和劳动者签订劳动合同

C.由用工单位向劳动者支付工资、福利及社会保险费用

D.劳务派遣的显著特征是劳动者的聘用与使用分离

57. 根据《工伤保险条例》的规定，职工的下列情形中，应当认定为工伤的是（　　）。

A.在工作场所受到事故伤害的

B.因工外出期间，下落不明的

C.上班途中，受到本人负主要责任的交通事故伤害的

D.患职业病的

58. 关于和解的说法，正确的是（　　）。

A.和解达成的协议不具有法律效力

B.当事人仅能就财产利益的事项达成和解

C.和解达成的协议不具有强制执行力

D.仲裁案件中达成和解后当事人不得再行起诉

59. 关于仲裁的说法，正确的是（　　）。

A.没有仲裁协议或者仲裁协议无效的，法院对当事人的纠纷应当予以受理

B.对于仲裁协议有效的仲裁案件，法院仍具有管辖权

C.只要一方当事人申请仲裁，仲裁委员会都应当予以受理

D.仲裁裁决作出后，当事人就同一纠纷向法院起诉的，法院应当予以受理

60. 下列行为中，属于人民法院行政诉讼受案范围的是（　　）。

A.对行政机关为作出行政行为而实施的论证不服的

B.对吊销许可证不服的

C.对行政机关针对信访事项作出的受理不服的

D.对行政指导行为不服的

二、多项选择题（共20题，每题2分，每题的备选项中，有2个或2个以上符合题意，至少有一个错项。错选，本题不得分；少选，所选的每个选项得0.5分）

61. 物权的种类包括（　　）。

A.所有权　　B.担保物权

C.用益物权　　D.占有

E.不当得利

62. 债务人或者第三人有权处分的下列财产可以抵押的是（　　）。

A.建筑物和其他土地附着物　　B.交通运输工具

C.生产设备、原材料、半成品、产品　　D.正在建造的建筑物、船舶、航空器

E.土地所有权

63. 魏某在京东商城购买了一台瑞莱克斯牌扫地机器人，在扫地的过程中，该机器人因为技术缺陷发生爆炸，造成魏某严重人身损害。下列救济途径正确的是（　　）。

A.魏某自行承担损失

B.魏某有权请求瑞莱克斯公司承担侵权责任

C.魏某有权请求京东商城承担违约责任

D.扫地机器人投入流通后京东商城发现产品存在缺陷的，可采取召回等方式补救

E.若京东商城发现产品存在缺陷，且不采取措施的，魏某可以请求相应的惩罚性赔偿

64. 下列关于增值税的说法，正确的是（　　）。

A.增值税是对商品在流转过程中的增值额部分征税

B.增值税最本质的特征是不会重复计税

C.增值税专用发票的开具会分别注明商品的价格和增值税税额部分

D.增值税只面向单位征收，个人不需要缴纳增值税

E.增值税的纳税人统一适用3%的税率

65. 下列哪些规范无权设定行政强制执行（　　）。

A.法律　　B.行政法规

C.部门规章　　D.地方性法规

E.地方政府规章

66. 关于工程重大安全事故罪的说法，正确的有（　　）。

A.该犯罪是单位犯罪

B.该犯罪的客观方面表现为违反国家规定，降低工程质量标准，造成重大安全事故

C.该犯罪的犯罪主体包括勘察单位

D.该犯罪的法定最高刑为20年

E.该犯罪应当对直接责任人员并处罚金

67. 根据《注册建造师执业管理办法（试行）》的规定，施工单位资质不良行为认定标准包括（　　）。

A.未取得资质证书承揽工程的，或超越本单位资质等级承揽工程的

B.以欺骗手段取得资质证书承揽工程的

C.不按照与招标人订立的合同履行义务，情节严重的

D.将承包的工程转包或违法分包的

E.允许其他单位或个人以本单位名义承揽工程的

68. 在建设工程招标投标活动中，关于联合体投标的说法，正确的有（　　）。

A.联合体各方在同一招标项目中，既可以联合体名义投标，又可以自己名义投标

B.两个以上的个人不可以组成联合体

C.招标人可以强制投标人组成联合体

D.在资格预审前，联合体可以增加成员

E.联合体各方就中标项目承担连带责任

69. 下列情形中，视为投标人相互串通投标的有（　　）。

A.不同投标人的投标文件由同一人编制

B.不同投标人的投标文件的报价呈规律性差异

C.不同投标人的投标文件相互混装

D.属于同一组织的成员按照该组织要求协同投标

E.投标人之间约定部分投标人放弃投标

70. 下列选项中，导致中标无效的情形有（　　）。

A.依法必须进行招标项目的招标人向他人泄露标底，影响中标结果的

B.投标人向招标人展示工程业绩、企业实力，谋取中标的

C.投标截止日期之前投标人撤回已提交的招标文件进行修改的

D.投标人以给予回扣的手段谋取中标的

E.依法必须进行招标的项目在所有投标被评标委员会否决后，自行确定中标人的

71. 关于框架协议采购项目中的“最高限制单价”，下列选项中表述正确的有（　　）。

A.确定最高限制单价时，有政府定价的，执行政府定价

B.最高限制单价不是最高限价

C.最高限制单价是供应商第一阶段响应报价的最高限价

D.在开放式框架协议中，付费标准即为最高限制单价

E.征集公告和征集文件可以不确定框架协议采购的最高限制单价

72. 根据《民法典》的规定，民事法律行为的有效要件有（　　）。

A.行为人具有相应的民事行为能力

B.不超越经营范围

C.意思表示真实

D.不违反法律、行政法规的强制性规定

E.不违背公序良俗

73. 建设工程价款优先受偿权行使中，可以优先受偿的工程价款包括（　　）。

A.承包人工作人员的报酬

B.承包人实际支付的建筑构配件价款

C.发包人欠付工程款的利息

D.承包人因发包人违约产生的损失

E.承包人垫资的融资成本

74. 关于买卖合同的说法，正确的有（　　）。

A.标的物在交付之前产生的孳息，归出卖人所有

B.试用期间届满，试用买卖的买受人对是否购买标的物未作表示的，视为购买

C.因标的物的主物不符合约定而解除合同的，解除合同的效力不及于从物

D.买受人已经支付标的物总价款的75%以上的，出卖人无权要求取回标的物

E.标的物在订立合同之前已为买受人占有的，合同生效的时间为交付时间

75. 按照《建设工程质量管理条例》的要求，施工单位必须按照工程（　　），对建筑材料、建筑构（配）件、设备和商品混凝土进行检验，检验应当有书面记录和专人签字。

A.监理单位的要求

B.设计要求

C.建设行政主管部门的要求

D.施工技术标准

E.施工合同约定

76. 关于工程保修期的说法，正确的有（　　）。

A.主体结构工程的保修期为设计文件规定的该工程合理使用年限

B.屋面防水工程的保修期为2年

C.建设工程保修期的起始日是竣工验收合格之日

D.缺陷责任期内，承包人认真履行合同约定的责任，到期后，承包人向发包人申请返还保证金

E.在保修期内，施工企业负有维修保修义务

77. 某单位生产过程中，有如下具体安排，其中符合劳动保护规定的有（ ）。

A.批准女工赵某产假100天

B.安排怀孕6个月的女工钱某从事夜班工作

C.安排女工赵某在经期从事高温焊接作业

D.安排15岁的周某担任仓库管理员

E.安排女工赵某从事第三级体力劳动

78. 根据《民事诉讼法》的规定，合同纠纷的当事人可以书面协议选择管辖的法院有（ ）。

A.被告住所地　　B.合同履行地

C.合同签订地　　D.第三人住所地

E.原告住所地

79. 根据《民事诉讼法》的规定，起诉必须符合的条件有（ ）。

A.有完整的证据目录和证据材料

B.原告是与本案有直接利害关系的公民、法人和其他组织

C.有明确的被告

D.有具体的诉讼请求和事实、理由

E.属于人民法院受理民事诉讼的范围和受诉人民法院管辖

80. 关于行政复议的说法，正确的是（ ）。

A.当事人可以向具体行政行为的作出机关申请复议

B.行政复议机关应当审查申请行政复议的具体行政行为是否合理和合法

C.对行政复议决定不服的，不得再向人民法院提起行政诉讼

D.行政复议原则上采用开庭审理的办法

E.申请人申请行政复议，可以书面申请；书面申请有困难的，也可以口头申请

通关必做卷二（进阶阶段测试）

试卷总分：100分

一、单项选择题（共60题，每题1分。每题的备选项中，只有1个最符合题意）

1. 下列属于经济法的是（　　）。

A.《招标投标法》　　B.《建筑法》

C.《无障碍环境建设法》　　D.《城市房地产管理法》

2. 关于法定代表人的说法，正确的是（　　）。

A.法定代表人为特别法人

B.法人应当有法定代表人

C.因过错履行职务行为损害他人利益，由法定代表人承担责任

D.公司章程对法定代表人权利的限制，可以对抗善意第三人

3. 甲公司委托乙采购一种原材料并签订了材料采购委托合同，经甲公司同意，乙将原材料采购事务转委托给丙。关于该委托中承担责任的说法，正确的是（　　）。

A.乙对丙的行为承担责任

B.乙仅对丙的选任及其对丙的指示承担责任

C.甲公司与乙对丙的行为承担连带责任

D.乙对丙的选任及其对丙的指示，由甲公司与乙承担连带责任

4. 关于建设用地使用权的说法，正确的是（　　）。

A.建设用地使用权只能在地表上设立

B.设立建设用地使用权，可以采取出让或者转让等方式

C.同一土地上有两个以上意向用地者的，可以采取不公开的方式出让

D.住宅建设用地使用权期间届满的，自动续期

5. 下列物品，不属于免征增值税的是（　　）。

A.残疾人组织进口供残疾人专用的轮椅

B.古旧图书

C.农业生产者销售的自产农产品

D.销售米、面、油

6. 下列关于居住权的说法中，正确的是（　　）。

A.居住权属于物权中的所有权，是对自己房屋的居住权

B.居住权可以依法继承，不得转让

C.居住权自订立书面居住权合同时设立

D.居住权人死亡的，居住权消灭，应当办理注销登记

7. 关于商标的说法，正确的是（　　）。

A.商标专用权的内容包括财产权和人身权

B.商标专用权的保护对象包括未经核准注册的商标

C.注册商标的有效期，自提出申请日起计算

D.商标专用权包括使用权和禁止权两个方面

8. 关于抵押权的说法，正确的是（　　）。

A.抵押权的设立需要将抵押物转移至抵押权人占有

B.土地所有权可以设立抵押权

C.以动产抵押的，抵押权自抵押合同生效时设立

D.抵押权可以与债权分离而单独转让或者作为其他债权的担保

9. 根据《民法典》的规定，关于定金的说法，正确的是（　　）。

A.定金合同自订立之日起生效

B.当事人既约定违约金又约定定金的，非违约方只能选择适用定金条款

C.实际支付的定金数额多于或少于约定数额的，视为未约定定金

D.约定的定金数额超过主合同标的额20%的，超过部分不产生定金的效力

10. 关于行政强制的说法，正确的是（　　）。

A.尚未制定法律、行政法规，且属于地方性事务的，地方性法规可以设定冻结存款、汇款的行政强制措施

B.查封场所、设施或者财物属于行政强制执行

C.排除妨碍、恢复原状属于行政强制措施

D.法律、法规以外的其他规范性文件不得设定行政强制措施

11. 根据《刑法》的规定，下列刑事责任中，属于主刑的是（　　）。

A.罚金　　B.没收财产

C.驱除出境　　D.拘役

12. 关于施工许可证的说法，正确的是（　　）。

A.工程开工前，建设单位应当向工程所在地县级以上建设主管部门申领施工许可证

B.农民自建低层住宅，应当申请领取施工许可证

C.修缮作为文物保护的古建筑，应当申请领取施工许可证

D.开工报告与施工许可证可以同时办理

13. 关于施工许可证申请延期的说法，正确的是（　　）。

A.自领取施工许可证之日起6个月内因故不能按时开工的，应当申请延期

B.延期以3次为限，每次不得超过3个月

C.既不开工又不申请延期的，施工许可证由发证机关废止

D.超过延期时限的，施工许可证自行废止

14. 资质许可机关应当注销建筑业企业资质的情形是（　　）。

A.施工企业发生合并、分立、重组以及改制的

B.施工企业资质证书有效期届满，未依法申请延续的

C.施工企业被责令停产整顿的

D.施工企业名称、地址、法定代表人发生变更的

15. 关于注册建造师延续注册的说法，正确的是（　　）。

A.延续注册申请应当在注册有效期满前3个月内提出

B.延续注册有效期为3年

C.申请延续注册只需要提供延续注册申请表

D.延续注册执业期间不能申请变更注册

16. 根据《注册建造师管理规定》的规定，不予注册的情形是（　　）。

A.申请人年龄达到60周岁

B.申请人因执业活动受到刑事处罚，自刑罚执行完毕之日起至申请注册之日止不满5年

C.申请人被吊销注册证书，自处罚决定之日起至申请注册之日止不满5年

D.申请人申请注册之日5年前担任项目经理期间，所负责项目发生过重大质量和安全事故

17. 下列建设工程项目可以不需要招标的是（　　）。

A.民营企业开发的商品住宅项目

B.公立医院建设项目

C.使用世界银行援助资金的项目

D.主要使用国有资金投资的项目

18. 下列关于两阶段招标的说法，正确的是（　　）。

A.对技术复杂或无法精确拟定技术规格的项目，招标人可以分两阶段进行招标

B.第一阶段，投标人按照招标公告的要求提交带报价的技术建议

C.第二阶段，投标人按照招标文件的要求提交最终技术方案和不带报价的投标文件

D.招标人在第一阶段可以提出投标人提交投标保证金的要求

19. 关于缓刑的适用，下列选项错误的是（　　）。

A.缓刑考验期限，从判决确定之日起计算

B.对于被宣告缓刑的犯罪分子，可以同时禁止其从事特定活动，进入特定区域、场所，接触特定的人

C.对于黑社会性质组织的首要分子，不得适用缓刑

D.缓期期间不执行主刑，也不执行附加刑

20. 关于开标的说法，正确的是（　　）。

A.开标地点不必为招标文件中预先确定的地点

B.开标由招标代理机构主持，邀请所有投标人参加

C.评标委员会成员名单应当在开标时公布

D.开标过程应当记录，并存档备查

21. 关于评标的说法，正确的是（　　）。

A.评标委员会可以向招标人征询确定中标人的意向

B.评标应当公开进行

C.评标委员会可以对招标文件确定的评标标准和方法进行补充和完善

D.评标委员会应当书面要求存在细微偏差的投标人在评标结束前予以补正

22. 根据《招标投标法》的规定，可以确定中标人的主体是（　　）。

A.经招标人授权的招标代理机构　　B.建设行政主管部门

C.经招标人授权的评标委员会　　D.招标投标有形市场

23. 关于联合体投标的说法，正确的是（　　）。

A.招标人接受联合体投标并进行资格评审的，联合体应当在提交资格评审申请文件后组成

B.招标人应当在资格评审公告，招标公告或者投标邀请书中载明是否接受联合体投标

C.联合体某成员在同一招标项目中以自己名义单独投标，其投标有效

D.由同一专业的单位组成的联合体，按照资质等级较高的单位确定其资质等级

24. 根据《招标投标法实施条例》的规定，关于投标保证金的说法，正确的是（　　）。

A.投标保证金不得超过招标项目估算价的3%

B.投标保证金有效期无须与投标有效期一致

C.投标人在投标截止时间后撤销投标文件的，招标人应退还投标保证金

D.招标人最迟应当在书面合同签订后5日内向中标人和未中标的投标人退还投标保证金及银行同期存款利息

25. 关于公布建筑市场诚信行为的说法，正确的是（　　）。

A.优良信用信息的公布期限一般为6个月

B.不良信用信息的公布期限一般为5年

C.对整改确有实效的单位，信息发布部门可以直接取消公布其不良行为

D.对于整改不力的单位，信息发布部门可以延长其不良行为记录信息公布期限

26. 下列行为属于质量不良行为的是（　　）。

A.未按照国家有关规定在施工现场设置消防通道、消防水源，配备消防设施和灭火器材的

B.在尚未竣工的建筑物内设置员工集体宿舍的

C.未对涉及结构安全的试块、试件以及有关材料见证取样的

D.未按照规定在施工起重机械和整体提升脚手架、模板等自升式架设设施验收合格后登记的

27. 关于合同形式的说法，正确的是（　　）。

A.合同形式分为书面和口头两种

B.书面形式合同是指纸质合同

C.根据当事人行为也可以推定合同成立

D.未采取书面形式订立合同的，合同无效

28. 关于施工合同违约赔偿损失范围的说法，正确的是（　　）。

A.损失赔偿额可以明显高于违约所造成的损失

B.订立合同时对因违约造成的损害不可预见，违约方也应当承担赔偿责任

C.守约方采取的措施不适当致使损失扩大的，仍可以就扩大的损失部分请求赔偿

D.损失赔偿额包括合同履行后可以获得的利益

29. 关于承包人工程价款优先受偿权的说法，正确的是（　　）。

A.装饰装修工程具备折价或者拍卖条件的，其承包人享有优先受偿权

B.对于未竣工的建设工程，承包人不享有优先受偿权

C.发包人不得与承包人约定放弃或者限制建设工程价款优先受偿权

D.承包人应当在合理期限内行使建设工程价款优先受偿权，但最长不得超过12个月

30. 关于框架协议采购制度，说法正确的是（　　）。

A.框架协议采购分为封闭式框架协议采购和开放式框架协议采购两类，开放式框架协议采购是框架协议采购的主要形式

B.集中采购机构或主管预算单位应当确定框架协议采购需求，框架协议采购需求在框架协议有效期内不得变动

C.货物项目框架协议有效期一般不超过6个月，服务项目框架协议有效期一般不超过1年

D.开放式框架协议入围供应商无正当理由，不得主动放弃入围资格或者退出框架协议

31. 根据《民法典》的规定，下列合同转让产生法律效力的是（　　）。

A.施工企业将施工合同中主体结构的施工转让给第三人

B.施工企业将其对建设单位的债权转让给水泥厂，并通知了建设单位

C.建设单位到期不能支付工程款，书面通知施工企业将债务转让给第三人

D.监理单位将监理合同转让给其他具有相应监理资质的监理单位

32. 关于合同解除的说法，正确的是（　　）。

A.无效合同、可撤销合同可以导致合同解除

B.合同当事人不得根据自己的意愿解除合同

C.享有合同解除权的一方无须向对方提出解除合同的意思表示，合同可以自动解除

D.合同解除的后果是使合同关系归于消灭

33. 关于违约责任免责的说法，正确的是（　　）。

A.合同中约定造成对方人身损害的免责条款有效

B.发生不可抗力后，必然导致全部责任的免除

C.迟延履行后发生不可抗力的，不免除责任

D.因不可抗力不能履行合同，不用通知对方

34. 下列某建筑公司的工作人员中，有权要求公司签订无固定期限劳动合同的是（　　）。

A.在公司连续工作了10年的赵某

B.在公司工作2年，并被董事会任命为总经理的王某

C.与公司累计订立2次固定期限劳动合同的李某

D.用人单位首次实行劳动合同制度，已经在该单位累计工作满10年且距法定退休年龄不足10年的钱某

35. 关于劳动争议解决方式的说法，正确的是（　　）。

A.用人单位与劳动者发生劳动争议的，劳动者应当先申请本单位劳动争议调解委员会调解

B.劳动争议申请仲裁的时效期间为1年，从当事人权利被侵害之日起计算

C.企业劳动争议调解委员会由职工代表、用人单位代表、劳动行政部门代表组成

D.劳动关系存续期间因拖欠劳动报酬发生争议的，劳动者申请仲裁不受仲裁时效期间的限制

36. 关于承揽合同当事人权利义务的说法，正确的是（　　）。

A.定作人不得中途变更承揽工作的要求

B.定作人提供的材料不符合约定的，承揽人可以自行更换材料

C.定作人不履行协助义务致使承揽工作不能完成的，承揽人可以解除合同

D.承揽人应该接受定作人的监督检查

37. 甲厂生产一种易拉罐装碳酸饮料。消费者丙从乙商场购买这种饮料后，在开启时被罐内强烈气流炸伤眼部。下列说法正确的是（　　）。

A.丙应当向乙索赔

B.丙应当向甲索赔

C.丙应当向消费者协会投诉，请其确定向谁索赔

D.丙可向甲、乙中的任何一方索赔

38. 关于货运合同法律特征的说法，正确的是（　　）。

A.货运合同是单务、有偿合同

B.货运合同的标的是货物

C.货运合同以托运人交付货物为合同成立的条件

D.货运合同的收货人可以不是订立合同的当事人

39. 根据《工程项目招投标领域营商环境专项整治工作方案》的规定，下列不属于招投标中的限制和壁垒的是（　　）。

A.要求投标人在本地注册设立子公司、分公司，在本地缴纳社会保险

B.要求投标人必须提供原件，不接受复印件

C.采用抽签、摇号等方式直接确定中标候选人

D.对不同的所有制投标人采取相同的资格审查标准

40. 下列关于固体废物污染防治的说法，正确的是（　　）。

A.建设单位应当编制建筑垃圾处理方案

B.生态保护红线区域内，可以建设生活垃圾填埋场

C.产生工业固体废物的单位应当取得排污许可证

D.将危险废物和非危险废物统一存放，集中处理

41. 某女职工与用人单位订立劳动合同，从事行政工作，约定劳动合同期限为2年，关于该女职工权益保护的说法，正确的是（　　）。

A.公司应当定期安排该女职工进行健康检查

B.若该女职工哺乳的孩子已满18个月，公司可以安排夜班劳动

C.公司可以安排该女职工在经期从事国家规定的第三级体力劳动强度的劳动

D.若该女职工已怀孕5个月，公司不得安排夜班劳动

42. 根据《文物保护法》的规定，对保护文物特别丰富且具有重大历史价值或者革命纪念意义的城市，有权核定公布其为历史文化名城的单位是（　　）。

A.国务院

B.国务院文物行政主管部门

C.国务院住房城乡建设行政主管部门

D.该市所在地省级人民政府

43. 施工企业安全生产管理机构以及安全生产管理人员的安全生产责任包括（　　）。

A.督促落实本单位重大危险源的安全管理措施

B.在施工现场组织协调工程项目质量安全生产活动

C.保证本单位安全生产投入的有效实施

D.工程项目实行总承包的，定期考核分包企业安全生产管理情况

44. 根据《工伤保险条例》的规定，不能认定为工伤的情形是（　　）。

A.在上班途中遭遇本人负主要责任的交通事故致本人伤害的

B.患职业病的

C.因工外出期间，由于工作原因发生事故下落不明的

D.高空作业摔落损伤的

45. 关于施工单位安全费用的提取管理的说法，正确的是（　　）。

A.建设工程施工企业以建筑安装工程面积为依据

B.房屋建筑工程的安全费用的提取标准为3%，市政公用工程为1.5%

C.建设单位应当在合同中单独约定并于工程开工日28日内向承包单位支付至少50%企业安全生产费用

D.编制投标报价应当包含企业安全生产费用并与其他费用合并列支，竞标时不得删减

46. 下列事项中，属于施工生产安全事故调查组职责的是（　　）。

A.查明事故发生的间接经济损失

B.追究责任人的法律责任

C.提交事故调查报告

D.提出对受伤人员的赔偿方案

47. 下列选项中，属于设计单位的安全责任的是（　　）。

A.提出防范安全生产事故的指导意见和措施建议

B.对安全技术措施或专项施工方案进行审查

C.依法对施工安全事故隐患进行处理

D.将拆除工程的施工组织方案报送有关行政机关备案

48. 根据《实施工程建设强制性标准监督规定》的规定，下列不属于强制性标准监督检查内容的是（　　）。

A.工程项目规划、勘察、设计、施工阶段是否符合强制性标准

B.工程项目使用的材料、设备是否符合强制性标准

C.工程管理人员是否熟悉、掌握强制性标准

D.工程项目的安全、质量是否符合强制性标准

49. 关于建设工程见证取样的说法，正确的是（　　）。

A.涉及结构安全的试块、试件和材料应当实施见证取样和送检

B.见证取样和送检的比例不得低于有关技术标准中规定应取样数量的50%

C.取样人员应由建设单位或该工程的监理单位中具备施工试验知识的专业技术人员担任

D.见证人员应在试样或其包装上做出标识、封志

50. 关于工程质量检测的说法，正确的是（　　）。

A.检测机构分为综合类资质和专项类资质

B.检测报告必须由检测机构法定代表人签署

C.检测机构是不具有独立法人资格的非营利性中介机构

D.检测机构资质证书有效期为3年，有效期需要延续的，应当在有效期届满30个工作日前向资质许可机关提出资质延续申请

51. 关于建设工程返修的说法，正确的是（　　）。

A.施工企业只对自己原因造成的质量问题负责返修，费用由建设单位承担

B.施工企业对所有的质量问题均应当负责返修，费用由建设单位承担

C.施工企业对非自己原因造成的质量问题负责返修，费用由责任人承担

D.施工企业只对竣工验收时发现的质量问题负责返修并承担费用

52. 根据《建设工程质量管理条例》的规定，关于工程监理单位质量责任和义务的说法，正确的是（　　）。

A.监理单位不得与被监理工程的设计单位有利害关系

B.监理工程师应当采取旁站、巡视和平行检验等形式，对工程实施监理

C.未经总监理工程师签字，建筑材料不得在工程上使用

D.未经监理工程师签字，建设单位不得组织竣工验收

53. 根据《建设工程质量管理条例》的规定，组织建设工程竣工验收的主体是（　　）。

A.施工企业　　B.建设单位

C.建设行政主管部门　　D.建设工程质量监督机构

54. 关于人民调解的说法，正确的是（　　）。

A.人民调解的组织形式是社区调解中心

B.人民调解委员会调解民间纠纷，不收取任何费用

C.人民调解达成协议后，双方当事人可以自调解协议生效之日起15日内共同向法院申请司法确认

D.人民调解达成调解协议后，一方当事人拒绝履行的，对方当事人可以向人民法院申请强制执行

55. 下列关于民事诉讼专属管辖的说法中，正确的是（　　）。

A.房屋买卖合同纠纷、建设工程施工合同纠纷可按照不动产纠纷确定管辖

B.因不动产纠纷提起的诉讼，由不动产实际所在地人民法院管辖

C.因港口作业发生纠纷提起的诉讼，由港口所在地人民法院管辖

D.因继承遗产纠纷提起的诉讼，由主要继承人所在地或主要遗产所在地人民法院管辖

56. 关于民事诉讼上诉的说法，正确的是（　　）。

A.当事人不服一审法院裁判的，上诉期为10日

B.第二审人民法院对上诉案件一律开庭审理

C.上诉状应当通过原审法院提出

D.当事人向原审人民法院上诉的，原审法院应当受理

57. 关于小额诉讼程序，说法正确的是（　　）。

A.小额诉讼程序是简易程序的一种

B.当事人提出反诉的案件，诉争金额符合"小额"的标准的，适用小额诉讼程序

C.小额诉讼程序案件应当在立案之日起3个月内审结

D.审理过程中，发现案件不宜适用小额诉讼程序的，应当裁定转为普通程序

58. 关于仲裁协议效力的说法，正确的是（　　）。

A.没有仲裁协议或者仲裁协议无效的，法院对当事人的纠纷应当予以受理

B.对于仲裁协议有效的仲裁案件，法院仍具有管辖权

C.只要一方当事人申请仲裁，仲裁委员会都应当予以受理

D.仲裁裁决作出后，当事人就同一纠纷向法院起诉的，法院应当予以受理

59. 关于仲裁协议效力确认的说法，正确的是（　　）。

A.当事人对仲裁协议效力有异议的，应当在举证期限内提出

B.当事人对仲裁协议效力有异议，一方向仲裁委员会提出，另一方向人民法院提出的，由人民法院裁定

C.仲裁委员会对仲裁协议效力的确认应当采用裁定的方式作出

D.当事人向人民法院申请确认仲裁协议效力的案件，由仲裁协议约定的仲裁机构所在地的高级人民法院管辖

60. 根据《行政诉讼法》的规定，对复议机关改变原行政行为而当事人不服提起行政诉讼的案件，确定被告的规则是（　　）。

A.以复议机关为被告

B.以作出原行政行为的行政机关和复议机关为共同被告

C.以作出原行政行为的行政机关为被告，复议机关作为第三人

D.由当事人选择作出原行政行为的行政机关和复议机关二者之一作为被告

二、多项选择题（共20题，每题2分。每题的备选项中，有2个或2个以上符合题意，至少有1个错项。错选，本题不得分；少选，所选的每个选项得0.5分）

61. 下列权利中属于用益物权的是（　　）。

A.土地承包经营权　　B.租赁权

C.建设用地使用权　　D.地役权

E.居住权

62. 下列情形，属于不予行政处罚的有（　　）。

A.已满14周岁不满18周岁的未成年人有违法行为的

B.精神病人、智力残疾人在不能辨认或者不能控制自己行为时有违法行为的

C.违法行为轻微并及时改正，没有造成危害后果的

D.当事人有证据足以证明没有主观过错的

E.受他人胁迫或者诱骗实施违法行为的

63. 一般保证的保证人在主合同纠纷未经审判或者仲裁，并就债务人财产依法强制执行仍不能履行债务前，无权拒绝向债权人承担保证责任的情形有（　　）。

A.债务人下落不明，且无财产可供执行

B.保证人口头表示放弃一般保证人的权利

C.人民法院已经受理债务人破产案件

D.债权人有证据证明债务人的财产不足以履行全部债务

E.债权人有证据证明债务人丧失履行债务能力

64. 下列情形中，招标人应当拒收的投标文件有（　　）。

A.逾期送达的　　B.投标人未提交投标保证金的

C.投标人的法定代表人未到场的　　D.未按招标文件要求密封的

E.投标人对招标文件有异议的

65. 下列情形中，视为投标人之间相互串通投标的有（　　）。

A.不同投标人的投标文件由同一人编制

B.不同投标人的投标文件的报价呈规律性差异

C.不同投标人的投标文件相互混装

D.属于同一组织的成员按照该组织要求协同投标

E.投标人之间约定部分投标人放弃投标

66. 根据《建筑工程施工转包违法分包等违法行为认定查处管理办法（试行）》的规定，下列情形中，属于违法分包的有（　　）。

A.将工程分包给不具有相应资质条件单位的

B.分包单位将分包工程再分包的

C.专业作业承包人将其承包的劳务再分包的

D.施工总包单位将钢结构工程分包的

E.专业分包单位将劳务作业分包的

67. 以下施工合同中，属于无效合同的是（　　）。

A.无相应资质的施工单位签订的合同　　B.当事人对合同内容有重大误解的

C.合同一方受胁迫签订的合同　　D.发包人要求承包人垫资施工的合同

E.依法应进行招标而未招标，直接与承包人签订的合同

68. 当事人对建设工程开工日期有争议的，关于人民法院的开工日期认定的说法，正确的有（　　）。

A.开工日期为发包人或者监理人发出的开工通知载明的开工日期

B.因承包人原因导致工程开工时间推迟的，以开工条件具备的时间为开工日期

C.开工通知发出后尚不具备开工条件的，以开工条件具备的时间为开工日期

D.开工通知发出前，承包人经发包人同意已经实际进场施工的，以实际进场施工时间为开工日期

E.发包人或监理人未发出开工通知，亦无相关证据证明实际开工日期的，以施工许可证载明的时间为开工日期

69. 关于劳动合同订立的说法，正确的有（　　）。

A.试用期包含在劳动合同期限内

B.非全日制用工双方当事人可以订立口头协议

C.商业保险是劳动合同的必备条款

D.劳动关系自劳动合同订立之日起建立

E.建立全日制劳动关系，应当订立书面劳动合同

70. 根据《建设工程质量管理条例》的规定，关于建设工程质量保修期的说法，正确的有（　　）。

A.质量保修期的起始日是竣工验收合格之日

B.对于电器管线工程，建设单位与施工单位经过平等协商，可以约定3年的质量保修期

C.建设工程在超过合理使用年限后，一律不得继续使用

D.屋面防水工程、有防水要求的卫生间、房间和外墙面防渗漏的最低保修期为5年

E.质量保修期内，施工企业对工程的一切质量缺陷承担责任

71. 劳动合同履行过程中，劳动者不需事先告知用人单位，可以立即与用人单位解除劳动合同的情形有（　　）。

A.在试用期内

B.用人单位濒临破产

C.用人单位未依法缴纳社会保险费

D.用人单位违章指挥、强令冒险作业危及劳动者人身安全

E.用人单位以暴力、威胁手段强迫劳动者劳动

72. 根据《劳动合同法》的规定，劳动合同终止的情形有（　　）。

A.劳动者开始依法享受基本养老保险待遇的

B.劳动者死亡或者被人民法院宣告死亡或者宣告失踪的

C.用人单位营业执照到期的

D.用人单位进入破产重整程序的

E.用人单位决定提前解约的

73. 根据《工程建设领域农民工工资保证金规定》的规定，关于工资保证金的说法，正确的是（　　）。

A.建设单位应当按照有关规定开设农民工工资专用账户，专项用于支付该工程建设项目农民工工资

B.工资保证金实行专款专用，除用于清偿或先行清偿施工总承包单位所承包工程拖欠农民工工资外，不得用于其他用途

C.工资保证金按工程施工合同额（或年度合同额）的一定比例存储，原则上不低于1%，不超过3%

D.施工总承包单位在同一工资保证金管理地区有多个在建工程，存储比例可适当下浮但不得低于施工合同额（或年度合同额）的0.5%

E.施工合同额低于300万元的工程，可免除该工程存储工资保证金

74. 下列争议中，属于劳动争议范围的是（　　）。

A.家庭与家政服务人员之间的争议

B.个体工匠与学徒之间的争议

C.因确认劳动关系发生的争议

D.因终止劳动合同发生的争议

E.因工作时间发生的争议

75. 根据《民法典》的规定，关于民事诉讼时效的说法，正确的有（　　）。

A.人民法院不得主动适用诉讼时效的规定

B.诉讼时效期间届满后，义务人自愿履行债务的，不得请求返还

C.向人民法院请求保护民事权利的诉讼时效期间均为3年

D.超过诉讼时效期间，当事人起诉的，人民法院不予受理

E.当事人违反法律规定，预先放弃诉讼时效利益的，人民法院不予认可

76. 建筑施工企业取得安全生产许可证，应当具备的安全生产条件有（　　）。

A.特种作业人员经有关业务主管部门考核良好，取得特种作业操作资格证书

B.施工现场的办公、生活区及作业场所和安全防护用具、机械设备、施工机具及配件，符合有关安全生产法律法规标准和规程的要求

C.有对危险性较大的分部分项工程及施工现场易发生重大事故的部位、环节的预防、监控措施和应急预案

D.管理人员和作业人员每半年至少进行1次安全生产教育培训并考核合格

E.有职业危害防治措施，并为管理人员配备符合国家标准或行业标准的安全防护用具和安全防护服装

77. 根据《建筑起重机械安全监督管理规定》的规定，建筑起重机械不得出租、使用的情形有（　　）。

A.经检验未达到安全技术标准规定的

B.属于国家不鼓励使用的

C.没有完整安全技术档案的

D.安全保护装置齐全有效的

E.超过安全技术标准或者制造厂家规定的使用年限的

78. 根据《建设工程质量保证金管理办法》的规定，关于缺陷责任期的说法，正确的有（　　）。

A.缺陷责任期由发、承包双方在合同中约定

B.缺陷责任期从工程通过竣工验收之日起计

C.缺陷责任期中的缺陷包括建设工程质量不符合承包合同的约定

D.缺陷责任期届满，承包人对工程质量不再承担责任

E.由于发包人原因导致工程无法按规定期限竣工验收的，缺陷责任期从实际通过竣工验收之日起计

79. 根据《民事诉讼法》的规定，在符合级别管辖和专属管辖规定的情况下，合同当事人可以书面协议选择的管辖法院有（　　）。

A.被告住所地人民法院

B.合同履行地人民法院

C.标的物所在地人民法院

D.合同签订地人民法院

E.合同纠纷发生地人民法院

80. 公民、法人或者其他组织提起的下列诉讼中，属于行政诉讼受案范围的有（　　）。

A.认为行政机关滥用行政权力排除或者限制竞争的

B.认为行政机关不依法履行政府特许经营协议的

C.对行政机关的行政指导行为不服的

D.申请行政机关履行人身权的法定职责，行政机关拒绝履行的

E.对行政机关针对信访事项作出的复核意见不服的

通关必做卷三（冲刺阶段测试）

试卷总分：100分

一、单项选择题（共60题，每题1分，每题的备选项中，只有1个最符合题意）

1. 关于法的形式的说法，正确的是（　　）。

A.法的形式的含义包括法律规范的期间效力

B.人民法院判决书属于我国法的形式

C.我国法的形式是制定法形式，具体可以分为6类

D.宪法是我国的根本大法，是母法

2. 关于民事法律行为委托代理的说法，正确的是（　　）。

A.委托代理授权应当采用书面形式

B.委托代理授权不明的，代理人应当承担全部法律责任

C.相对人知道或应当知道行为人无权代理时，相对人和行为人按照各自的过错承担责任

D.代理人知道代理事项违法仍然实施代理行为的，应当承担全部法律责任

3. 关于注册商标转让的说法，正确的是（　　）。

A.转让注册商标的，由转让人向商标局提出申请

B.商标专用权人不得将商标与企业分离而单独转让

C.转让注册商标的，商标注册人对其在同一种商品上注册的近似的商标，应当一并转让

D.注册商标的转让是指商标专用人许可他人使用其注册商标的行为

4. 下列物权中，自合同生效时设立的是（　　）。

A.土地承包经营权　　B.建设用地使用权

C.居住权　　D.机动车所有权

5. 根据《民法典》的规定，关于保证的说法，正确的是（　　）。

A.建筑行业协会可以作为保证人

B.对保证方式没有约定的，按照连带责任保证承担责任

C.对保证范围没有约定的，按照主债权及利息、违约金、损害赔偿金来承担责任

D.债权人转让债权的，保证人继续承担保证责任

6. 关于权利质权的说法，正确的是（　　）。

A.将有的应收账款不得出质

B.以专利权中的财产权出质后，出质人不得许可他人使用专利权

C.以基金份额出质的，质权自权利凭证交付质权人时设立

D.以商业承兑汇票出质的，质权自办理出质登记时设立

7. 关于欠付工程款利息支付的说法，正确的是（　　）。

A.工程欠款利息，有约定按约定，但是不能高于银行同期同类贷款利率

B.工程欠款利息，没有约定的，不得要求支付利息

C.当事人对工程款支付时间约定不明，建设工程未交付的，起算逾期利息的时间为提交竣工结算文件之日

D.当事人对工程款支付时间没有约定，建设工程已经实际交付的，起算逾期利息的时间为竣工验收之日

8. 关于行政监督部门处理招标投标活动投诉的说法，正确的是（　　）。

A.投诉人就同一事项向两个以上有权受理的行政监督部门投诉的，由上一级行政监督部门指定一个部门负责处理

B.行政监督部门不得责令暂停招标投标活动

C.行政监督部门处理投诉，有权查阅、复制有关文件资料

D.行政监督部门应当自受理投诉之日起15个工作日内作出书面处理决定，其上级行政机关可以撤销

9. 下列行为中，属于工程质量不良行为的是（　　）。

A.使用国家明令淘汰、禁止使用的危及施工安全的工艺、设备、材料的

B.在尚未竣工的建筑物内设置员工集体宿舍的

C.对建筑安全事故隐患不采取措施予以消除的

D.未对涉及结构安全的试块进行取样检测的

10. 关于建筑业企业资质证书变更的说法，正确的是（　　）。

A.建筑业企业应当在资质证书变更后将变更结果报国务院住房城乡建设主管部门备案

B.建筑业企业资质证书遗失补办，申请人应当按照资质许可机关要求在企业官网发布信息

C.在建筑业企业资质有效期内，法定代表人变更的，应当办理资质证书变更手续

D.企业发生合并，需承继原建筑业企业资质的，可以直接承继原企业资质

11. 根据《建筑法》中有关在建的建筑工程因故中止施工的，关于施工许可证的说法，正确的是（　　）。

A.施工企业应当自中止施工之日起1个月内，向发证机关报告

B.中止施工未满1年的，无须向发证机关报告

C.无正当理由中止施工的，施工许可证自行失效

D.中止施工满1年的工程，恢复施工前，建设单位应当报发证机关核验施工许可证

12. 下列关于居住权的说法中，正确的是（　　）。

A.居住权人死亡，居住权可继承　　B.居住权可以通过遗嘱方式设立

C.合同生效时居住权设立　　D.居住权可以转让

13. 关于合同履行、变更和转让的说法，不正确的是（　　）。

A.生产经营单位的法定代表人变动，不影响合同义务的履行

B.对合同变更的内容约定不明确的，推定为未变更

C.合同义务的转让，通知到达债权人时生效

D.当事人约定非金钱债权不得转让的，不得对抗善意第三人

14. 关于二级建造师执业岗位和范围的说法，正确的是（　　）。

A.二级建造师可以担任大、中型工程施工项目负责人

B.建造师可以在造价咨询单位执业

C.建造师担任施工项目负责人期间，经受聘企业同意，可以变更注册至另一企业

D.建造师担任施工项目负责人期间一律不得更换

15. 关于建设工程招标投标交易场所和招标公告发布的说法，正确的是（　　）。

A.招标投标交易场所隶属行政监督部门

B.招标公告中应当载明投标资格能力要求，以及是否接受联合体投标

C.依法必须招标项目的招标公告，一律应当向社会公开

D.招标公告的发布媒介应当免费提供招标公告和公示信息发布服务，并提供收费的信息查阅服务

16. 关于招标文件的说法，正确的是（　　）。

A.招标文件中应当载明投标有效期，投标有效期从招标文件停售之日起算

B.潜在投标人或者其他利害关系人对招标文件有异议的，应当在投标截止时间3日前提出

C.招标人对已发出的招标文件进行必要的修改的，应当在招标文件要求提交投标文件截止时间至少10日前

D.依法必须进行招标的项目，自招标文件开始发出之日起至投标人提交投标文件截止之日止，最短不得少于20日

17. 下列关于资格审查的说法，正确的是（　　）。

A.依法必须进行招标的项目提交资格预审申请文件的时间，自资格预审文件停止发售之日起不得少于3日

B.通过资格预审的申请人少于3个的，可以继续进行招投标活动

C.潜在投标人或者其他利害关系人对资格预审文件有异议的，应当在提交资格预审申请文件截止时间2日前提出

D.采用资格后审的，应当在开标后由招标人按照招标文件规定的标准和方法对投标人的资格进行审查

18. 关于中标和订立合同的说法，正确的是（　　）。

A.招标人不得授权评标委员会直接确定中标人

B.招标人和中标人应当自中标通知书发出之日起20日内，按照招标文件和中标人的投标文件订立书面合同

C.招标人和中标人可以再行订立背离合同实质性内容的其他协议

D.招标人根据评标委员会提出的书面评标报告和推荐的中标候选人确定中标人

19. 关于抵押的效力与实现的说法，不正确的是（　　）。

A.转让已经办理抵押登记的抵押物，不需要经过抵押权人同意

B.重复抵押的，都未办理抵押登记的，按比例清偿债务

C.抵押物拍卖所得，超过债权部分归债务人所有

D.抵押物拍卖所得，不足部分由债务人继续承担

20. 关于施工单位安全费用的提取管理的说法，正确的是（　　）。

A.建设工程施工企业以建筑安装工程造价为依据，于月初按工程进度计算提取企业安全生产费用

B.房屋建筑工程的安全费用的提取标准为3%

C.工程竣工验收后结余的企业安全生产费用，应当退回建设单位

D.建设单位应当在合同中单独约定并于工程开工日28日内向承包单位支付至少50%企业安全生产费用

21. 乙开发商与甲施工企业订立建设工程施工合同，将某房屋建筑工程的施工发包给甲，工程竣工验收合格后，乙未按约定支付工程结算价款，经甲催告后，乙仍逾期未支付，关于甲拟主张建设工程价款优先受偿权的说法，正确的是（　　）。

A.甲有权直接向乙主张建设工程优先受偿权

B.甲主张优先受偿权的期限不得超过6个月

C.甲行使优先受偿权自竣工验收合格之日起算

D.甲主张优先受偿权的范围不包括逾期支付工程结算价款的利息

22. 关于二级建造师的注册，说法正确的是（　　）。

A.申请延续注册应当在注册有效期满3个月前提出

B.变更注册后延续原注册有效期

C.延续注册执业期间不能申请变更注册

D.采用弄虚作假的手段取得注册建造师继续教育证书的，撤销当事人注册证书

23. 工人张三和李四最近因包工头王五拖欠工程款心情郁闷，某晚，两人一起相约在工地三楼喝酒，酒过三巡两人一起向楼下扔石头，不幸砸伤了王五，无法确定谁扔的石头。对王五的损害，应（　　）。

A.张三、李四承担主要责任，王五承担次要责任

B.张三、李四承担连带责任

C.由张三承担责任

D.由李四承担责任

24. 关于违约责任中承担赔偿损失限制的说法，正确的是（　　）。

A.违约方应当赔偿不可预见的损失

B.损失赔偿不得超过违约方为履行合同付出的成本

C.当事人一方违约后，对方没有采取适当措施致使损失扩大的，非违约方可以就扩大的损失请求赔偿

D.当事人为防止因违约造成的损失扩大而支出的合理费用，由违约方承担

25. 关于国有资金投资的建筑工程的招标价格，下列说法正确的是（　　）。

A.可以设有最高投标限价　　B.可以设有最低投标限价

C.应当编制标底　　D.应当采用工程量清单计价

26. 关于限制民事行为能力人实施的民事法律行为的说法，正确的是（　　）。

A.限制民事行为能力人实施的纯获利益的民事法律行为效力待定

B.限制民事行为能力人实施的与其年龄、智力、精神健康状况不相适应的民事法律行为无效

C.相对人可以催告法定代理人在收到通知之日起30日内予以追认

D.相对人催告法定代理人追认，法定代理人未作表示的，视为予以追认

27. 根据《劳动合同法》的规定，关于劳动合同的种类，说法正确的是（　　）。

A.劳动合同分为固定期限劳动合同、无固定期限劳动合同

B.固定期限劳动合同最长可以为10年

C.无固定期限劳动合同没有确定的终止时间

D.劳动者与用人单位累计订立2次固定期限劳动合同的，应当订立无固定期限劳动合同

28. 关于施工安全事故应急救援预案的评审、备案与实施的说法，正确的是（　　）。

A.施工安全事故应急救援预案的评审，地方各级人民政府应急管理部门应当召开听证会，听取社会有关方面的意见

B.受理应急预案备案登记的负有安全生产监督管理职责的部门应当在10个工作日内对应急预案材料进行核对

C.对于实行安全生产许可的生产经营单位，已经进行应急预案备案的，在申请安全生产许可证时，可以不提供相应的应急预案，仅提供应急预案备案登记表

D.乡、镇人民政府，应当至少每年组织1次生产安全事故应急救援预案演练

29. 关于违约责任的说法，不正确的是（　　）。

A.当事人既约定违约金，又约定定金的，一方违约时，对方可以选择适用违约金条款或者定金条款

B.不可抗力为我国法定的免责事由

C.约定的违约金低于造成的损失的，人民法院或者仲裁机构可以根据当事人的请求予以增加

D.约定的违约金高于造成的损失的，人民法院或者仲裁机构可以根据当事人的请求予以适当减少

30. 根据《房屋市政工程生产安全重大事故隐患判定标准（2022版）》的规定，下列重大事故隐患中，应当判定为施工安全管理重大事故隐患的是（　　）。

A.对因基坑工程施工可能造成损害的毗邻重要建筑物、构筑物和地下管线等，未采取专项防护措施

B.模板支架拆除及滑模、爬模爬升时，混凝土强度未达到设计或规范要求

C.建筑施工特种作业人员未取得特种作业人员操作资格证书上岗作业

D.有限空间作业时现场未有专人负责监护工作

31. 下列关于劳动合同订立的说法，正确的是（　　）。

A.用人单位自劳动合同订立之日起即与劳动者建立劳动关系

B.用人单位与劳动者应当自用工之日起3日内订立书面劳动合同

C.除了非全日制用工可以订立口头协议外，建立劳动关系应当订立书面劳动合同

D.用人单位自用工之日起1个月内不与劳动者订立书面劳动合同的，则视为用人单位与劳动者已订立无固定期限劳动合同

32. 关于评标委员会的说法，正确的是（　　）。

A.评标委员会由投标人的代表和有关技术、经济等方面的专家组成

B.评标委员会成员的名单应当保密至开标时

C.招标设有标底的，评标委员会应当参考标底

D.评标委员会应当向招标人征询确定中标人的意向

33. 根据《劳动合同法》的规定，劳动合同终止的情形有（　　）。

A.劳动者开始依法享受基本养老保险待遇的

B.用人单位营业执照到期的

C.用人单位进入破产重整程序的

D.用人单位决定提前解约的

34. 除当事人另有约定的以外，出卖人出卖交由承运人承运的在途标的物毁损、灭失的风险自（　　）由买受人承担。

A.合同成立时　　B.合同生效时

C.标的物交付时　　D.运输行为完成时

35. 甲公司与乙劳务派遣公司订立劳务派遣协议，由乙向甲派遣员工李某，关于该用工关系的说法，正确的是（　　）。

A.李某工作时因工受伤，甲公司应当申请工伤认定

B.在劳务派遣期间，甲公司被吊销营业执照的，可以将李某退回乙公司

C.乙公司应当对李某进行工作岗位所必需的培训

D.李某在申请进行职业病诊断、鉴定时，乙公司应当负责其职业病诊断、鉴定事宜

36. 根据《仲裁法》的规定，仲裁员具有下列情形，无须回避的是（　　）。

A.曾经仲裁过本案代理人的其他案件的

B.是本案代理人近亲属的

C.与本案当事人有其他关系，可能影响公正仲裁的

D.私自会见本案代理人的

37. 关于女职工和未成年工的特殊保护，下列说法正确的是（　　）。

A.不得安排女职工从事高处、低温、冷水作业

B.对怀孕6个月以上的女职工，不得安排其延长工作时间和夜班劳动

C.不得安排未成年工从事国家规定的第三级体力劳动强度的劳动

D.未成年工上岗前用人单位应对其进行有关的职业安全卫生教育、培训

38. 下列情形中，属于依法可以邀请招标的是（　　）。

A.受到工程成本控制限制，只有少量潜在投标人可供选择的

B.涉及国家秘密、国家安全的工程项目

C.需要向原中标人采购工程，否则将影响施工或者功能配套要求的

D.省、自治区、直辖市政府确定的地方重点项目，经过省、自治区、直辖市政府批准的

39. 关于可撤销合同中撤销权行使的说法，正确的是（　　）。

A.受胁迫的当事人应当自胁迫行为终止之日起6个月内行使撤销权

B.当事人不得放弃撤销权

C.重大误解的当事人应当自知道或者应当知道撤销事由之日起90日内行使撤销权

D.当事人自民事法律行为发生之日起3年内没有行使撤销权的，撤销权消灭

40. 甲和乙订立了承揽合同，合同履行中，甲欲解除合同并通知乙，关于甲和乙权利的说法，正确的是（　　）。

A.经乙同意后甲方可解除合同

B.乙有权要求甲继续履行合同

C.合同履行过半后，甲无权解除合同

D.甲有权随时解除合同，但应当向乙赔偿相应的损失

41. 甲市政公司将道路维修工程发包给乙公司，乙公司在道路上进行挖掘活动，但未设置安全警示标志，也未采取安全措施，行人丙夜间跌入坑中受伤。根据《民法典》，关于行人丙损害赔偿的说法，正确的是（　　）。

A.甲市政公司承担赔偿责任　　B.甲市政公司与乙公司承担连带责任

C.甲市政公司与乙公司承担按份责任　　D.乙公司承担赔偿责任

42. 关于增值税应纳税额计算的说法，正确的是（　　）。

A.纳税人兼营不同税率的项目，应当分别核算不同税率项目的销售额，未分别核算销售额的，从低适用税率

B.小规模纳税人发生应税销售行为，实行按照销售额和征收率计算应纳税额的简易办法，可以抵扣进项税额

C.当期销项税额小于当期进项税额不足抵扣时，其不足部分不再结转下期继续抵扣

D.纳税人销售货物、劳务、服务、无形资产、不动产，应纳税额为当期销项税额抵扣当期进项税额后的余额

43. 当事人对建设工程开工日期有争议，关于开工日期认定的说法，正确的有（　　）。

A.开工通知发出后，尚不具备开工条件的，以开工条件具备的时间为开工日期

B.开工日期为建设工程施工合同载明的计划开工日期

C.开工通知发出后，因承包人原因导致开工时间推迟的，以开工条件具备的时间为开工日期

D.发包人或监理人未发出开工通知，亦无相关证据证明实际开工日期的，以施工许可证载明的时间为开工日期

44. 关于行政机关对申请人提出的行政许可申请的处理，正确的是（　　）。

A.申请事项依法不属于本行政机关职权范围的，应当及时作出驳回申请的决定

B.申请事项依法不需要取得行政许可的，应当及时告知申请人不受理

C.申请材料存在可以更正的错误的，应当要求申请人当场更正

D.申请材料不齐全的，应当当场或者在7日内一次告知申请人需要补正的全部内容

45. 关于工程总承包单位的说法，正确的是（　　）。

A.工程总承包单位不得是工程总承包项目的代建单位

B.建设单位应当采用招标方式选择工程总承包单位

C.工程总承包单位可以是具有相应工程设计资质的设计单位

D.工程总承包单位不得是联合体

46. 在历史文化名城、名镇、名村保护范围内可进行的活动是（　　）。

A.开山、采石、开矿等破坏传统格局和历史风貌的活动

B.占用保护规划确定保留的园林绿地

C.在核心保护区范围内进行影视拍摄，举办大型群众性活动

D.修建生产、储存爆炸性、易燃性物品的工厂、仓库

47. 根据《建筑施工企业安全生产许可证管理规定》的规定，建筑施工企业取得安全生产许可证，应当具备的安全生产条件是（　　）。

A.保证本单位生产经营所需资金的投入

B.建立健全安全生产责任制，制定完备的安全生产规章制度和操作规程

C.管理人员经建设主管部门或者其他有关部门考核合格

D.为施工现场作业人员办理意外伤害保险

48. 根据《建筑工程施工许可管理办法》的规定，下列建筑工程需要办理施工许可证的是（　　）。

A.国家审批的大中型项目

B.建筑面积3000平方米的钢结构厂房新建工程

C.重大政府投资项目

D.用于抢险救灾的房屋

49. 甲向乙、丙、丁三家银行借款，均以自己的一套房屋抵押。乙的债权为100万元，丙的债权为300万元，丁的债权为500万元，登记的顺序为乙、丙、丁。后未经丙的同意，乙和丁协议变更抵押权顺位。甲到期不能偿还债务，房屋拍卖所得价款400万元，下列关于乙、丙、丁三家银行的抵押权顺位，表述正确的是（　　）。

A.丁400万元，丙0，乙0　　　　B.丁100万元，丙300万元，乙0

C.乙100万元，丙300万元，丁0　　　　D.乙100万元，丁300万元，丙0

50. 关于危大工程专项施工方案的说法，正确的是（　　）。

A.危大工程实行专业分包的，专项施工方案应当由相应分包单位组织编制

B.专项施工方案应当由施工企业项目负责人负责审核

C.项目专职安全生产管理人员应当对专项施工方案实施情况进行现场监督

D.超过一定规模的危大工程，在专家论证前，专项施工方案应当通过施工企业审核和专业监理工程审查

51. 关于行政强制的说法，正确的是（　　）。

A.尚未制定法律、行政法规，且属于地方性事务的，地方性法规可以设定冻结存款、汇款的行政强制措施

B.查封场所、设施或者财物属于行政强制执行

C.排除妨碍、恢复原状属于行政强制措施

D.法律、法规以外的其他规范性文件不得设定行政强制措施

52. 根据《文物保护法》的规定，受国家保护的文物是（　　）。

A.与历史事件有关的代表性建筑

B.具有历史、艺术、科学价值的石刻、壁画

C.历史上各时代艺术品、工艺美术品

D.反映历史上各时代的实物

53. 关于工程建设强制性标准监督与实施的说法，正确的是（　　）。

A.工程建设规划阶段执行强制性标准的监督机构是施工图设计文件审查单位

B.工程管理人员是否熟悉强制性标准属于强制性标准监督检查内容

C.工程建设标准批准部门应当将强制性标准监督检查结果在一定范围内公告

D.工程建设中采用国际标准或者国外标准，可不受强制性标准的限制

54. 根据《保障中小企业款项支付条例》的规定，下列说法正确的是（　　）。

A.机关、事业单位从中小企业采购货物的，自货物交付之日起6个月内支付款项

B.合同约定采取履行进度结算方式的，付款期限应当自验收合格之日起算

C.机关、事业单位与中小企业约定以货物交付后验收合格作为支付中小企业款项条件的，付款期限应当自检验或者验收合格之日起算

D.机关、事业单位和大型企业拖延检验或者验收的，付款期限自工程通过竣工验收之日起算

55. 关于法的效力层级的说法，正确的有（　　）。

A.自治条例依法对法律、行政法规、地方性法规做变通规定的，在本自治地方适用自治条例的规定

B.部门规章之间对同一事项的规定不一致，由全国人大常委会裁决

C.法律之间对同一事项的新的一般规定与旧的特别规定不一致的，不能确定如何适用时，由国务院裁决

D.地方性法规与部门规章之间对同一事项的规定不一致的，由国务院裁决

56. 关于设计单位质量责任和义务的说法，正确的是（　　）。

A.设计文件中选用的建筑材料、建筑构配件和设备，应当注明规格、型号、性能等技术指标

B.不得任意压缩合理工期

C.设计单位应当就审查合格的施工图设计文件向建设单位作出详细说明

D.设计单位应当将施工图设计文件报有关部门审查

57. 关于工程竣工验收后提交档案资料的说法，正确的是（　　）。

A.对改建、扩建和重要部位维修的工程，应当组织设计、施工单位据实修改、补充和完善原建设工程档案

B.工程竣工验收后6个月内，应当向城建档案馆报送一套符合规定的建设工程档案

C.勘察、设计、施工、监理等单位应当将本单位形成的工程文件立卷后向城建档案馆移交

D.移交电子档案的，可以不移交相应纸质档案

58. 关于人民调解的说法，正确的是（　　）。

A.人民调解的组织形式是社区调解中心

B.人民调解达成协议的，应当制作书面调解协议

C.调解组织自行调解达成调解协议后，双方当事人可以自调解协议生效之日起30日内共同向法院申请司法确认

D.人民调解达成调解协议后，一方当事人拒绝履行的，对方当事人可以向人民法院申请强制执行

59. 关于法院调解与和解的说法，正确的是（　　）。

A.和解达成协议，只能书面，不能口头

B.人民法院进行调解，可以邀请有关单位和个人协助

C.当事人只能就全部诉讼请求达成和解协议

D.调解可以与诉讼相结合，不得与仲裁相结合

60. 根据《房屋建筑工程和市政基础设施工程竣工验收备案管理暂行办法》的规定，关于竣工验收备案的说法，正确的是（　　）。

A.建设单位应当自建设工程竣工验收合格之日起30日内办理建设工程竣工验收备案

B.备案机关发现建设单位在竣工验收过程中有违反国家有关建设工程质量管理规定行为的，应当责令停止使用，重新组织竣工验收

C.工程质量监督机构应当在工程竣工验收之日起3个月内，向备案机关提交工程质量监督报告

D.备案机关验证竣工验收备案文件齐全后，应当在工程竣工验收备案表上签署同意意见

二、多项选择题（共20题，每题2分，每题的备选项中，有2个或2个以上符合题意，至少有一个错项。错选，本题不得分；少选，所选的每个选项得0.5分）

61. 关于劳务派遣的说法，正确的有（　　）。

A.经营劳务派遣业务，应当向劳动行政部门申请行政许可

B.劳务派遣用工劳动只能在临时性、辅助性或者替代性的工作岗位上实施

C.用工单位可以将被派遣劳动者再派遣到其他用人单位

D.劳务派遣用工方式使劳动者的聘用与使用分离

E.除岗前培训费以外，劳务派遣单位不得再向被派遣劳动者收取费用

62. 关于法人分类，正确的有（　　）。

A.某基层群众自治组织属于非营利法人

B.法人分为营利法人、非营利法人、特别法人

C.某基金会属于非营利法人

D.某设计院有限公司属于事业单位法人

E.某县人民政府属于机关法人

63. 关于小额诉讼程序的说法，正确的是（　　）。

A.小额诉讼程序适用于审理事实清楚、权利义务关系明确、争议不大的简单金钱给付民事案件

B.小额诉讼程序是普通程序的一种

C.小额诉讼程序适用于标的额为全国上年度就业人员年平均工资50%以下的案件

D.小额诉讼程序实行两审终审

E.适用小额诉讼程序审理的案件，应当在立案之日起2个月内审结，有特殊情况的，可以延长1个月

64. 关于工资支付保障制度，说法正确的是（　　）。

A.工资至少每月支付一次，实行周、日、小时工资制的，可按周、日、小时支付工资

B.劳动者在婚假、丧假、病假期间，用人单位应按劳动合同规定支付劳动者工资

C.劳动者在法定工作时间内依法参加社会活动期间，用人单位应视同其提供了正常劳动而支付工资

D.用人单位依法安排劳动者延长工作时间的，按照不低于劳动合同规定的劳动者本人小时工资标准的150%支付劳动者工资

E.用人单位依法安排劳动者在法定休假节日工作的，按照不低于劳动合同规定的劳动者本人日或小时工资标准的200%支付劳动者工资

65. 根据《刑法》的规定，下列有关缓刑的说法中，正确的是（　　）。

A.缓刑适用于法定刑为拘役或5年以下有期徒刑的犯罪

B.对犯罪时已满70周岁的人应当适用缓刑

C.累犯不适用缓刑

D.被宣告缓刑的犯罪分子，附加刑仍须执行

E.对于自首的犯罪分子，应当从轻或减轻处罚

66. 下列情形中，属于招标人以不合理条件限制、排斥潜在投标人或者投标人的有（　　）。

A.就同一招标项目向潜在投标人或者投标人提供无差别的项目信息

B.依法必须进行招标的项目以特定行业的业绩作为加分条件

C.指定特定的专利、商标、品牌、原产地或者供应商

D.设定的资格、技术、商务条件与招标项目的具体特点和实际需要相适应

E.依法必须进行招标的项目限定潜在投标人或者投标人的组织形式

67. 根据《建设工程质量检测管理办法》的规定，关于建设工程质量检测机构资质管理的说法，正确的是（　　）。

A.检测机构资质分为综合类资质、专项类资质

B.检测机构资质许可机关受理申请后，应当进行材料审查和专家评审，在10个工作日内完成审查并作出书面决定

C.符合资质标准的，自作出决定之日起20个工作日内颁发检测机构资质证书，并报国务院住房和城乡建设主管部门备案

D.资质证书有效期为3年

E.检测机构在资质证书有效期内名称、地址、法定代表人等发生变更的，应当在办理营业执照或者法人证书变更手续后30个工作日内办理资质证书变更手续

68. 根据《建设工程安全生产管理条例》的规定，属于建设单位的安全生产责任的有（　　）。

A.需要临时停水、停电的，办理申请批准手续

B.提出防范生产安全事故的指导意见和措施建议

C.申领施工许可证时提供有关安全施工措施的资料

D.将拆除工程的有关资料报送有关部门备案

E.为从事危险作业的施工人员办理意外伤害保险

69. 下列施工合同中，关于无效施工合同以及无效免责条款，说法正确的有（　　）。

A.施工企业借用他人资质签订的合同无效

B.施工企业与建设单位串通投标，中标后签订的合同无效

C.因重大过失造成对方财产损失的免责条款无效

D.因故意造成对方财产损失的免责条款无效

E.施工企业将其承包的部分非主体工程分包的合同无效

70. 根据《劳动合同法》的规定，下列劳动合同无效或者部分无效的是（　　）。

A.用人单位与限制民事行为能力人订立的合同

B.以欺诈、胁迫手段，使对方违背真实意思订立的合同

C.没有约定试用期的合同

D.用人单位排除劳动者权利的合同

E.违反法律、行政法规强制性规定的合同

71. 关于建设用地使用权的说法，正确的有（　　）。

A.建设用地使用权可以在土地的地表、地上或者地下分别设立

B.建设用地使用权可以采取出让或者划拨等方式

C.建设用地使用权包括占有权、使用权和收益权

D.建设用地使用权自登记时设立

E.建设用地使用权期间届满的，自动续期

72. 下列情形中，用人单位有权解除劳动合同且不需要提前30日通知的有（　　）。

A.用人单位发生经营困难的

B.劳动者严重失职，营私舞弊，给用人单位造成重大损害的

C.劳动者被依法追究刑事责任的

D.劳动者严重违反用人单位的规章制度的

E.劳动者患病后在规定的医疗期满后不能从事原工作，也不能从事由用人单位另行安排的工作的

73. 下列关于投标保证金的说法，正确的是（　　）。

A.投标保证金有效期应当与投标有效期一致

B.实行两阶段招标的，招标人要求投标人提交投标保证金的，应当在第一阶段提出

C.投标截止后投标人撤销投标文件的，招标人可以不退还投标保证金

D.招标人最迟应当在书面合同签订后3日内向中标人和未中标的投标人退还投标保证金及银行同期存款利息

E.中标人无正当理由不与招标人订立合同，取消其中标资格，投标保证金不予退还

74. 下列关于联合体投标的说法，正确的是（　　）。

A.招标人接受联合体投标并进行资格评审的，联合体应当在提交资格评审申请文件后组成

B.联合体中标的联合体各方就中标项目向招标人承担连带责任

C.投标人不再具备资格预审文件、招标文件规定的资格条件的，其投标无效

D.联合体各方在同一招标项目中可以以自己名义单独投标

E.招标人应当在资格评审公告、招标公告或者投标邀请书中载明是否接受联合体投标

75. 关于人民法院管辖权的说法，正确的是（　　）。

A.两个以上人民法院都有管辖权的诉讼，原告可以向其中一个人民法院起诉

B.建设工程纠纷适用于一般地域管辖

C.有管辖权的人民法院由于特殊原因，不能行使管辖权的，移送上级人民法院直接管辖

D.人民法院之间因管辖权发生争议，协商解决不了的，报请共同上级人民法院指定管辖

E.财产权益纠纷的当事人可以书面协议任何与案件有联系的法院管辖

76. 下列情形中，评标委员会应当否决其投标的有（　　）。

A.投标联合体没有提交共同投标协议

B.投标报价超过标底上下浮动范围

C.投标报价高于招标文件设定的最高投标限价

D.投标文件未经投标单位盖章和单位负责人签字

E.投标文件没有对招标文件的实质要求和条件作出响应

77. 根据《最高人民法院关于审理民间借贷案件适用法律若干问题的规定》的规定，人民法院应当认定民间借贷合同无效的情形有（　　）。

A.出借人知道借款人借款用于违法犯罪活动仍然提供的

B.贷款人提供借款并预扣利息的

C.套取金融机构贷款转贷的

D.未依法取得放贷资格的出借人，以营利为目的提供借款的

E.借款合同未约定借贷利息的

78. 根据《建设工程质量保证金管理办法》的规定，关于质量保证金的说法。正确的有（　　）。

A.社会投资项目采用预留保证金方式的，发承包双方可以约定将保证金交由第三方金融机构托管

B.缺陷责任期内，由第三人原因造成的缺陷，发包人应当负责组织维修并从保证金中扣除费用

C.合同约定由承包人以银行保函替代预留保证金的，保函金额不得高于工程款结算总额的3%

D.发包人在接到承包人返还保证金申请后14天内不予答复的，视同认可承包人的返还保证金申请

E.在工程项目竣工前，已经缴纳履约保证金的，发包人不得同时预留工程费保证金

79. 根据《招标投标法实施条例》及相关规定，关于两阶段招标基本程序的说法，正确的有（　　）。

A.招标人要求提交投标保证金的，应当在第二阶段提出

B.招标人应根据投标人第一阶段提交的技术建议确定技术标准和要求

C.对无法精确拟定技术规格的项目，招标人必须分两阶段进行招标

D.招标人应向在第一阶段提交技术建议的投标人提供招标文件

E.投标人第一阶段应当提交技术建议和投标报价

80. 根据《生产安全事故报告和调查处理条例》，关于生产安全事故报告的说法，正确的是（　　）。

A.事故发生后，单位负责人接到报告后应当于2小时内向事故发生地县级以上人民政府安全生产监管部门和负有安全生产监管职责的有关部门报告

B.安全生产监管部门和负有安全生产监管职责的有关部门逐级上报事故情况，每级上报的时间不得超过1小时

C.事故现场有关人员在情况紧急时，可以直接向事故发生地县级以上人民政府安全生产监管部门报告，安全生产监管部门必要时可以越级上报事故情况

D.火灾事故自发生之日起30日内，事故造成的伤亡人数发生变化的，应当及时补报

E.因交通事故造成的失踪人员，自事故发生之日起起7日后，按照死亡人员进行统计，并重新确定事故等级

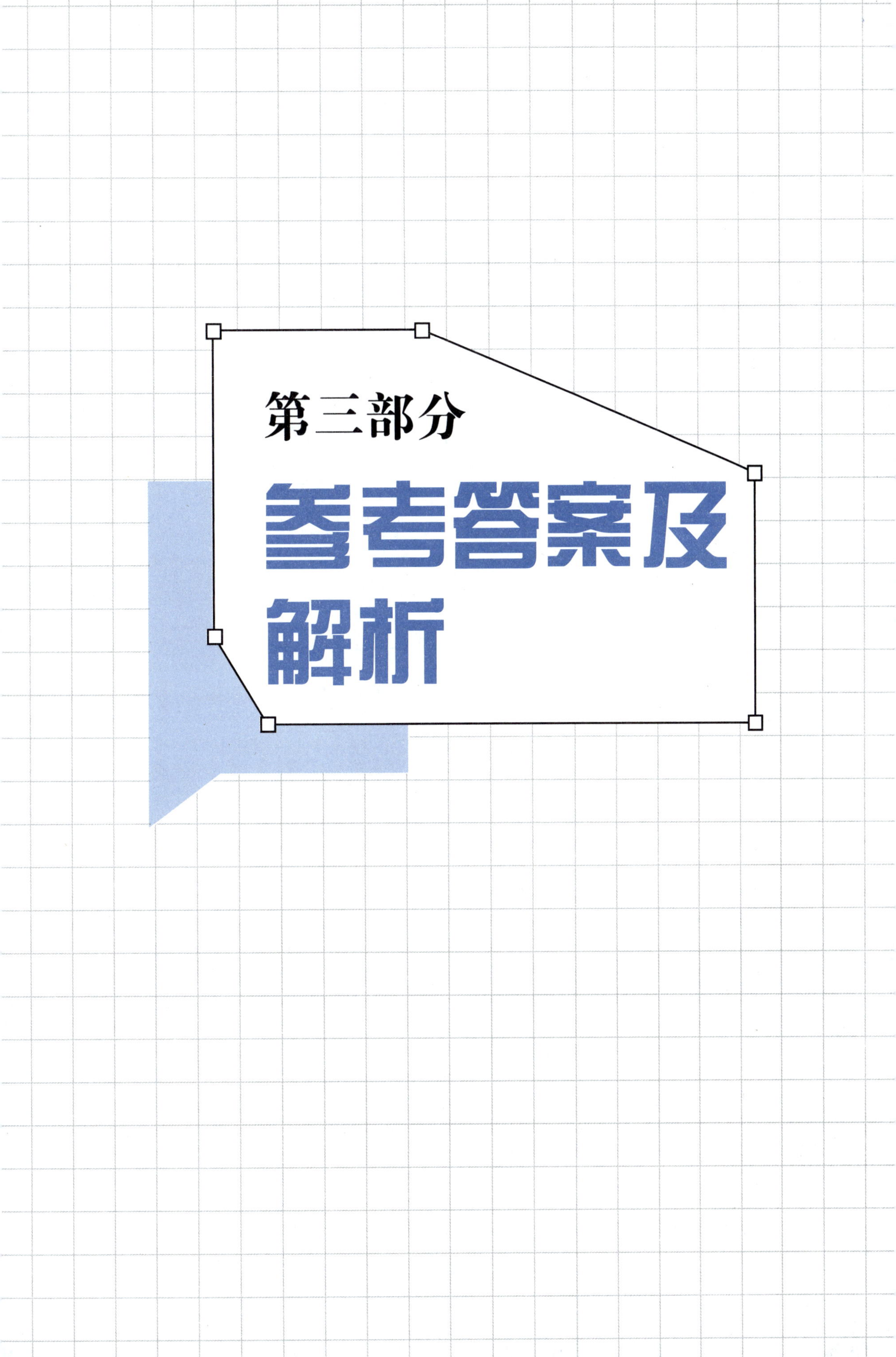
第三部分
参考答案及
解析

答案速查

夯实基础

第1章　建设工程基本法律知识							
建设工程法律基础	1.B	2.CDE	3.ABCE				
建设工程物权制度	1.C	2.A	3.C	4.A	5.A	6.A	7.ABC
	8.ABCE						
建设工程知识产权制度	1.C	2.D	3.D	4.C	5.ABE	6.BCE	
建设工程侵权责任制度	1.D	2.C	3.D	4.A	5.C	6.D	
建设工程税收制度	1.C	2.A	3.D	4.C	5.BDE	6.ACD	
建设工程行政法律制度	1.B	2.C	3.A	4.AB	5.ACE		
建设工程刑事法律制度	1.B	2.D	3.D	4.D	5.C		
第2章　建筑市场主体制度							
建筑市场主体的一般规定	1.B	2.C	3.A	4.A	5.A	6.CE	
建筑业企业资质制度	1.C	2.B	3.C	4.C	5.B		
建造师注册执业制度	1.B	2.D	3.B	4.D	5.B	6.C	7.A
建筑市场主体信用体系建设	1.D	2.D	3.D	4.A	5.C		
营商环境制度	1.D	2.C	3.B	4.B			
第3章　建设工程许可法律制度							
建设工程规划许可	1.C	2.C	3.C	4.C	5.ACD	6.ABC	
建设工程施工许可	1.C	2.D	3.C	4.A	5.B	6.C	7.A
	8.AB						

续表

第4章　建设工程发承包法律制度							
建设工程发承包的一般规定	1.A	2.B	3.ACD	4.ACD	5.ACE		
建设工程招标投标制度	1.C	2.D	3.B	4.C	5.C	6.A	7.A
	8.D	9.D	10.C	11.B	12.C	13.D	14.ABE
	15.ABCD	16.ABCD					
非招标采购制度	1.C	2.D	3.B	4.C	5.B	6.ACD	
第5章　建设工程合同法律制度							
合同的基本规定	1.B	2.A	3.A	4.D	5.D	6.D	7.A
	8.ABDE	9.CDE					
建设工程施工合同的规定	1.A	2.D	3.D	4.C	5.A	6.C	7.C
	8.ACE	9.ABD					
相关合同制度	1.A	2.A	3.C	4.C	5.C	6.ACD	7.ACDE
第6章　建设工程安全生产法律制度							
建设单位和相关单位的安全责任制度	1.D	2.B	3.A	4.A	5.D	6.BCDE	7.ABC
施工安全生产许可证制度	1.B	2.C	3.D	4.B	5.A		
施工单位安全生产责任制度	1.B	2.D	3.D	4.B	5.B	6.C	7.DE
施工现场安全防护制度	1.C	2.D	3.C	4.B	5.ABDE	6.ACDE	
施工安全事故的应急救援与调查处理	1.C	2.D	3.D	4.D	5.CDE		
政府主管部门安全生产监督管理	1.A	2.D	3.C	4.D			
第7章　建设工程质量法律制度							
工程建设标准	1.B	2.C	3.D	4.C			
无障碍环境建设制度	1.D	2.D	3.B	4.C			

续表

建设单位及相关单位的质量责任和义务	1.C	2.D	3.B	4.A	5.C		
施工单位的质量责任和义务	1.B	2.A	3.D	4.A	5.C	6.A	
建设工程竣工验收制度	1.B	2.C	3.A	4.D	5.ABCE		
建设工程质量保修制度	1.D	2.D	3.BCD	4.BCE			
第8章　建设工程环境保护和历史文化遗产保护法律制度							
建设工程环境保护制度	1.D	2.A	3.D	4.B	5.B	6.C	
施工中历史文化遗产保护制度	1.B	2.C	3.B	4.C	5.C		
第9章　建设工程劳动保障法律制度							
劳动合同制度	1.C	2.A	3.D	4.B	5.ADE	6.ADE	7.BDE
劳动用工和工资支付保障	1.D	2.B	3.ACD	4.ABD	5.BCE		
劳动安全卫生和保护	1.B	2.B	3.D	4.D	5.ABCE	6.BC	
工伤保险制度	1.D	2.C	3.B	4.A			
劳动争议的解决	1.D	2.D	3.C	4.ADE	5.AE		
第10章　建设工程争议解决法律制度							
建设工程争议和解、调解制度	1.A	2.D	3.B				
仲裁制度	1.A	2.B	3.C	4.ACE			
民事诉讼制度	1.A	2.B	3.A	4.B	5.ACDE	6.AB	
行政复议制度	1.A	2.B	3.C	4.A			
行政诉讼制度	1.A	2.C	3.A	4.D			

巩固提升

通关必做卷一（基础阶段测试）							
单选题	1.D	2.D	3.A	4.B	5.D	6.C	7.C
	8.A	9.D	10.C	11.A	12.A	13.D	14.B
	15.C	16.D	17.A	18.B	19.B	20.C	21.C
	22.D	23.B	24.C	25.C	26.C	27.D	28.D
	29.C	30.A	31.B	32.B	33.C	34.D	35.C
	36.B	37.B	38.D	39.C	40.C	41.C	42.C
	43.A	44.A	45.B	46.A	47.B	48.B	49.D
	50.A	51.B	52.C	53.A	54.C	55.B	56.D
	57.D	58.C	59.A	60.B			
多选题	61.ABC	62.ABCD	63.BCDE	64.ABC	65.BCDE	66.ABE	67.ABE
	68.BDE	69.ABC	70.ADE	71.ACD	72.ACDE	73.AB	74.ABDE
	75.BDE	76.ACDE	77.ABCE	78.ABCE	79.BCDE	80.BE	

通关必做卷二（进阶阶段测试）							
单选题	1.B	2.B	3.B	4.D	5.D	6.D	7.D
	8.C	9.D	10.D	11.D	12.A	13.D	14.B
	15.B	16.B	17.A	18.A	19.D	20.D	21.D
	22.C	23.B	24.D	25.D	26.C	27.C	28.D
	29.A	30.B	31.B	32.D	33.C	34.A	35.D
	36.D	37.D	38.D	39.D	40.C	41.B	42.A
	43.A	44.A	45.B	46.C	47.A	48.C	49.A
	50.A	51.C	52.B	53.B	54.B	55.C	56.C
	57.A	58.A	59.B	60.A			
多选题	61.ACDE	62.BCD	63.ACDE	64.AD	65.ABC	66.ABC	67.AE
	68.ACD	69.ABE	70.ABD	71.DE	72.AB	73.BCD	74.CDE
	75.ABE	76.BC	77.ACE	78.ABC	79.ABCD	80.ABD	

续表

通关必做卷三（冲刺阶段测试）							
单选题	1.D	2.C	3.C	4.A	5.D	6.B	7.C
	8.C	9.D	10.C	11.D	12.B	13.C	14.B
	15.B	16.D	17.C	18.D	19.C	20.B	21.D
	22.B	23.B	24.D	25.D	26.C	27.C	28.C
	29.D	30.C	31.C	32.C	33.A	34.A	35.B
	36.A	37.D	38.D	39.C	40.D	41.D	42.D
	43.A	44.B	45.A	46.C	47.B	48.B	49.B
	50.C	51.D	52.B	53.C	54.C	55.A	56.A
	57.A	58.C	59.B	60.B			
多选题	61.ABD	62.BCE	63.AE	64.ACD	65.CD	66.BC	67.AE
	68.ACD	69.ABCD	70.BDE	71.ABCD	72.BCD	73.ACE	74.BCE
	75.AD	76.ACDE	77.ACD	78.ACE	79.ABD	80.CE	

夯实基础

第1章 建设工程基本法律知识

1.1 建设工程法律基础

一、单项选择题

1.【参考答案】B

【学天解析】A错，民法是规定并调整平等主体的公民间、法人间及公民及法人间的财产关系和人身关系的法律规范的总称。C错，行政法是调整行政主体在行使行政职权和接受行政法治监督过程中而与行政相对人、行政法监督主体之间发生的各种关系。D错，在我国的法律体系中，根据所调整的社会关系性质不同，可以划分为不同的部门法。

二、多项选择题

2.【参考答案】CDE

【学天解析】法的形式包括四层含义：（1）法律规范创制机关的性质及级别；（2）法律规范的外部表现形式；（3）法律规范的效力等级；（4）法律规范的地域效力。

3.【参考答案】ABCE

【学天解析】D错，法律的效力是仅次于宪法而高于其他法的形式。行政法规的法律地位和法律效力仅次于宪法和法律，高于地方性法规和部门规章。

1.2 建设工程物权制度

一、单项选择题

1.【参考答案】C

【学天解析】A错，所有权在法律上也受到一定的限制，最主要的限制是为了公共利益的需要，依照法律规定的权限和程序可以征收集体所有的土地和组织、个人的房屋及其他不动产。B错，财产所有权的权能是指所有人对其所有的财产依法享有的权利，包括占有权、使用权、收益权、处分权。D错，收益权本身是一项独立的权能，而使用权并不能包括收益权。

2.【参考答案】A

【学天解析】B错，不动产物权，除法律另有规定外，自办理登记时发生效力。C错，不动产物权的变更，应当办理变更登记。D错，不动产物权的登记，由不动产所在地的登记机构办理。

3.【参考答案】C

【学天解析】A错，设立建设用地使用权不得损害已经设立的用益物权。B错，设立建设用地使用权，可以采取出让或者划拨等方式。D错，住宅建设用地使用权期间届满的，自动续期。非住宅建设用地使用权期间届满后的续期，依照法律规定办理，故C正确。

4.【参考答案】A

【学天解析】预告登记后，未经预告登记的权利人同意，处分该不动产的，不发生物权效力。

5.【参考答案】A

【学天解析】抵押权不得与债权分离而单独转让或者作为其他债权的担保，B错。同一财产向两个以上债权人抵押的，拍卖、变卖抵押财产所得的价款依照下列规定清偿：（1）抵押权已经登记的，按照登记的时间先后确定清偿顺序；（2）抵押权已经登记的先于未登记的受偿；（3）抵押权未登记的，按照债权比例清偿，C、D错。

6.【参考答案】A

【学天解析】抵押担保的范围包括主债权及利息、违约金损害赔偿金和实现抵押权的费用。当事人也可以在抵押合同中约定抵押担保的范围，A正确。抵押人有义务妥善保管抵押物并保证其价值，B错。转让抵押物的价款不得明显低于其价值，C错。抵押权不得与债权分离而单独转让或者作为其他债权的担保，D错。

二、多项选择题

7.【参考答案】ABC

【学天解析】D错，不动产物权的设立，属于强制登记。E错，不动产物权自登记时设立。

8.【参考答案】ABCE

【学天解析】D错，留置权属于法定的担保物权，债务人不履行到期债务，债权人可以留置已经合法占有的债务人的动产，并有权就该动产优先受偿。

1.3 建设工程知识产权制度

一、单项选择题

1.【参考答案】C

【学天解析】A错，作者的署名权、修改权、保护作品完整权的保护期不受限制。B错，公民的作品，其发表权、使用权和获得报酬权的保护期，为作者终生及其死后50年。法人或者其他组织的作品、著作权（署名权除外）由法人或者其他组织享有的职务作品，其发表权、使用权和获得报酬权的保护期为50年，截止于作品首次发表后第50年的12月31日，但作品自创作完成后50年内未发表的，不再受《著作权法》保护。

2.【参考答案】D

【学天解析】D正确，《专利法》保护的是发明创造专利权，并规定发明创造是指发明、实用新型和外观设计。

3.【参考答案】D

【学天解析】D正确，除了新颖性外，外观设计还应当具备富有美感和适于工业应用两个条件。

4.【参考答案】C

【学天解析】A错，商标专用权是一种无形财产权。B错，转让注册商标的，由转让人和受让人共同向商标局提出申请。D错，商标专用权的有效期自核准注册之日起计算。

二、多项选择题

5.【参考答案】ABE

【学天解析】C、D错，作者的署名权、修改权、保护作品完整权的保护期不受限制。

6.【参考答案】BCE

【学天解析】A、D错，授予专利权的发明和实用新型，应当具备新颖性、创造性和实用性。

1.4 建设工程侵权责任制度

单项选择题

1.【参考答案】D

【学天解析】D正确，建筑物、构筑物或者其他设施及其搁置物、悬挂物发生脱落、坠落造成他人损害，所有人、管理人或者使用人不能证明自己没有过错的，应当承担侵权责任。所有人、管理人或者使用人赔偿后，有其他责任人的，有权向其他责任人追偿。

2.【参考答案】C

【学天解析】C正确，建筑物、构筑物或者其他设施倒塌造成他人损害的，建设单位与施工单位承担连带责任。

3.【参考答案】D

【学天解析】从建筑物中抛掷物品或者从建筑物上坠落的物品造成他人损害的，由侵权人依法承担侵权责任，A、B错；经调查难以确定具体侵权人的，除能够证明自己不是侵权人的外，由可能加害的建筑物使用人给予补偿，C错。可能加害的建筑物使用人补偿后，有权向侵权人追偿。物业服务企业等建筑物管理人应当采取必要的安全保障措施防止上述情形的发生；未采取必要的安全保障措施的，应当依法承担未履行安全保障义务的侵权责任。

4.【参考答案】A

【学天解析】B错，堆放物倒塌、滚落或者滑落造成他人损害，堆放人不能证明自己没有过错的，应当承担侵权责任。C错，从建筑物中抛掷物品或者从建筑物上坠落的物品造成他人损害的，由侵权人依法承担侵权责任；经调查难以确定具体侵权人的，除能够证明自己不是侵权人外，由可能加害的建筑物使用人给予补偿。D错，物业服务企业等建筑物管理人应当采取必要的安全保障措施防止上述情形的发生；未采取必要的安全保障措施的，应当依法承担未履行安全保障义务的侵权责任。

5.【参考答案】C

【学天解析】A错，适用无过错责任。B错，产品缺陷由生产者造成的，销售者赔偿后，有权向生产者追偿。因销售者的过错使产品存在缺陷的，生产者赔偿后，有权向销售者追偿。D错，明知产品存在缺陷仍然生产、销售，或者没有依据前述规定采取有效补救措施，造成他人死亡或者健康严重损害的，被侵权人有权请求相应的惩罚性赔偿。

6.【参考答案】D

【学天解析】因产品存在缺陷造成他人损害的，被侵权人可以向产品的生产者请求赔偿，也可以向产品的销售者请求赔偿，A、B、C错。产品缺陷由生产者造成的，销售者赔偿后，有权向生产者追偿。因销售者的过错使产品存在缺陷的，生产者赔偿后，有权向销售者追偿。因运输者、仓储者等第三人的过错使产品存在缺陷，造成他人损害的，产品的生产者、销售者赔偿后，有权向第三人追偿。

1.5 建设工程税收制度

一、单项选择题

1.【参考答案】C

【学天解析】不得抵扣的销项税额：（1）用于简易计税方法计税项目、免征增值税项目、集体福利或者个人消费的购进货物、劳务、服务、无形资产和不动产，BD错；（2）非正常损失的购进货物，以及相关的劳务和交通运输服务，A错；（3）非正常损失的在产品、产成品所耗用的购进货物（不包括固定资产）、劳务和交通运输服务。

2.【参考答案】A

【学天解析】有下列情形之一的，不属于直接向环境排放污染物，不缴纳相应污染物的环境保护税：（1）企业事业单位和其他生产经营者向依法设立的污水集中处理、生活垃圾集中处理场所排放应税污染物的；（2）企业事业单位和其他生产经营者在符合国家和地方环境保护标准的设施、场所储存或者处置固体废物的，B错。纳税人综合利用的固体废物，符合国家和地方环境保护标准的，暂予免征环境保护税，C错。纳税人排放应税大气污染物或者水污染物的浓度值低于国家和地方规定的污染物排放标准30%的，减按75%征收环境保护税，D错。

3.【参考答案】D

【学天解析】下列项目免征增值税：（1）农业生产者销售的自产农产品，D不属于自产农产品，故当选；（2）避孕药品和用具；（3）古旧图书；（4）直接用于科学研究、科学试验和教学的进口仪器、设备；（5）外国政府、国际组织无偿援助的进口物资和设备。

4.【参考答案】C

【学天解析】下列情形，暂予免征环境保护税：（1）农业生产（不包括规模化养殖）排放应税污染物的；（2）机动车、铁路机车、非道路移动机械、船舶和航空器等流动污染源排放应税污染物的；（3）依法设立的城乡污水集中处理、生活垃圾集中处理场所排放相应应税污染物，不超过国家和地方规定的排放标准的，C当选；（4）纳税人综合利用的固体废物，符合国家和地方环境保护标准的；（5）国务院批准免税的其他情形。

二、多项选择题

5.【参考答案】BDE

【学天解析】A错，纳税人兼营不同税率的项目，应当分别核算不同税率项目的销售额；未分别核算销售额的，从高适用税率。C错，属于下列情形之一的，不得开具增值税专用发票：（1）应税销售行为的购买方为消费者个人的；（2）发生应税销售行为适用免税规定的。

6.【参考答案】ACD

【学天解析】应税污染物的计税依据，按照下列方法确定：（1）应税大气污染物按照污染物排放量折合的污染当量数确定；（2）应税水污染物按照污染物排放量折合的污染当量数确定；（3）应税固体废物按照固体废物的排放量确定；（4）应税噪声按照超过国家规定标准的分贝数确定。

1.6　建设工程行政法律制度

一、单项选择题

1.【参考答案】B

【学天解析】A错，行政合理性的基本内涵包括比例原则和平等对待两个方面。C错，诚实信用的基本内涵主要包括诚实守信和信赖保护两个方面。诚实守信意味着行政主体不得为了自身的利益欺骗行政相对人，不得"钓鱼执法"和"养鱼执法"，违反法律、法规、政策的初衷和目的。D错，根据诚实守信原则，行政主体对其作出的行政行为不得任意反悔。

2.【参考答案】C

【学天解析】比例原则是指行政机关实施行政行为应兼顾行政目标的实现和适当性手段的选择，保障公共利益和相对人权益的均衡，如为实现行政目标可能对相对人权益造成某种不利影响时，应将这种不利影响限制在尽可能小的范围和限度内，保持二者处于适度的比例，C当选。

3.【参考答案】A

【学天解析】B错，行政强制措施，是指行政机关在行政管理过程中，为制止违法行为、防止证据损毁、避免危害发生、控制危险扩大等情形，依法对公民的人身自由实施暂时性限制，或者对公民、法人或者其他组织的财物实施暂时性控制的行为。C错，代履行属于行政强制执行。D错，行政机关作出强制执行决定前，应当事先催告当事人履行义务。

二、多项选择题

4.【参考答案】AB

【学天解析】通过下列方式能够予以规范的，可以不设行政许可：（1）公民、法人或者其他组织能够自主决定的；（2）市场竞争机制能够有效调节的；（3）行业组织或者中介机构能够自律管理的；（4）行政机关采用事后监督等其他行政管理方式能够解决的。

5.【参考答案】ACE

【学天解析】地方政府规章可以设定警告、通报批评或者一定数额罚款的行政处罚。

1.7 建设工程刑事法律制度

单项选择题

1.【参考答案】B

【学天解析】刑罚分为主刑和附加刑。主刑的种类如下：（1）管制；（2）拘役；（3）有期徒刑；（4）无期徒刑；（5）死刑。附加刑的种类如下：（1）罚金；（2）剥夺政治权利；（3）没收财产；（4）驱逐出境。A、C、D属于行政责任。

2.【参考答案】D

【学天解析】刑罚分为主刑和附加刑。主刑包括：（1）管制；（2）拘役；（3）有期徒刑；（4）无期徒刑；（5）死刑。附加刑包括：（1）罚金；（2）剥夺政治权利；（3）没收财产；（4）驱逐出境。A、B、C属于附加刑。

3.【参考答案】D

【学天解析】A错，减刑只适用于被判处管制、拘役、有期徒刑或者无期徒刑的犯罪分子。B错，减刑可以适用于累犯。C错，假释适用于被判处有期徒刑或者无期徒刑的犯罪分子。

4.【参考答案】D

【学天解析】重大责任事故罪，是指在生产、作业中违反有关安全管理的规定，因而发生重大伤亡事故或者造成其他严重后果的行为。

5.【参考答案】C

【学天解析】建设单位、设计单位、施工单位、工程监理单位违反国家规定，降低工程质量标准，造成重大安全事故的属于工程重大安全事故罪，只有C是降低工程质量的描述。

第2章 建筑市场主体制度

2.1 建筑市场主体的一般规定

一、单项选择题

1.【参考答案】B

【学天解析】A错，法人不能自然产生，它的产生必须经过法定的程序。C错，依照法律或者法人章程的规定，代表法人从事民事活动的负责人，为法人的法定代表人。D错，法人应当有自己的名称、组织机构、住所、财产或者经费。

2.【参考答案】C

【学天解析】建设单位一般也应当具有法人资格。但有时候，建设单位也可能是没有法人资格的其他组织。法人必须能够独立承担民事责任，A、B、D错。

3.【参考答案】A

【学天解析】B错，营利法人自办理登记之日起，取得法人资格。C、D错，特别法人包括机关法人、农村集体经济组织法人、城镇农村的合作经济组织法人、基层群众性自治组织法人。

4.【参考答案】A

【学天解析】有下列情形之一的，委托代理终止：（1）代理期限届满或者代理事务完成；（2）被代理人取消委托或者代理人辞去委托；（3）代理人丧失民事行为能力；（4）代理人或者被代理人死亡，故A不能导致代理终止；（5）作为被代理人或者代理人的法人、非法人组织终止。

5.【参考答案】A

【学天解析】有下列情形之一的，委托代理终止：（1）代理期限届满或者代理事务完成；（2）被代理人取消委托或者代理人辞去委托，B错；（3）代理人丧失民事行为能力；（4）代理人或者被代理人死亡，C错；（5）作为被代理人或者代理人的法人、非法人组织终止，D错。

二、多项选择题

6.【参考答案】CE

【学天解析】依照法律或者法人章程的规定，代表法人从事民事活动的负责人，为法人的法定代表人。法定代表人以法人名义从事的民事活动，其法律后果由法人承担，法人章程或者法人权力机构对法定代表人代表权的限制，不得对抗善意相对人，A、D错。法定代表人因执行职务造成他人损害的，由法人承担民事责任。法人承担民事责任后，依照法律或者法人章程的规定，可以向有过错的法定代表人追偿，B错。

2.2　建筑业企业资质制度

单项选择题

1.【参考答案】C

【学天解析】A错，企业可以申请一项或多项建筑业企业资质。B错，企业申请建筑业企业资质，在资质许可机关的网站或审批平台提出申请事项，提交资金、专业技术人员、技术装备和已完成业绩等电子材料。D错，建筑业企业施工劳务资质采用备案制。

2.【参考答案】B

【学天解析】企业申请建筑业企业资质升级、资质增项，在申请之日起前1年至资质许可决定作出前，有下列情形之一的，资质许可机关不予批准其建筑业企业资质升级申请和增项申请：（1）超越本企业资质等级或以其他企业的名义承揽工程，或允许其他企业或个人以本企业的名义承揽工程的；（2）与建设单位或企业之间相互串通投标，或以行贿等不正当手段谋取中标的；（3）未取得施工许可证擅自施工的；（4）将承包的工程转包或违法分包的，B当选；（5）违反国家工程建设强制性标准施工的；（6）恶意拖欠分包企业工程款或者劳务人员工资的；（7）隐瞒或谎报、拖延报告工程质量安全事故，破坏事故现场、阻碍对事故调查的；（8）按照国家法律、法规和标准规定需要持证上岗的现场管理人员和技术工种作业人员未取得证书上岗的；（9）未依法履行工程质量保修义务或拖延履行保修义务的；（10）伪造、变造、倒卖、出租、出借或者以其他形式非法转让建筑业企业资质证书的；（11）发生过较大以上质量安全事故或者发生过两起以上一般质量安全事故的；（12）其他违反法律、法规的行为。

3.【参考答案】C

【学天解析】A错，施工综合资质，可承担各行业、各等级施工总承包业务。B错，专业承包资质分为18个类型。D错，施工总承包甲级资质在本行业内承揽业务规模不受限制。

4.【参考答案】C

【学天解析】A错，资质许可机关应当在建筑业企业资质证书有效期届满前作出是否准予延续的决定，逾期未作出决定的，视为准予延续。企业发生合并、分立、重组以及改制等事项，需承继原建筑业企业资质的，应当申请重新核定建筑业企业资质等级，并向社会公布其建筑业企业资质证书作废，B错。资质证书有效期届满，未依法申请延续的，企业应当及时将建筑业企业资质证书交回资质许可机关，D错。

5.【参考答案】B

【学天解析】有下列情形之一的，资质许可机关应当依法注销建筑业企业资质，并向社会公布其建筑业企业资质证书作废，企业应当及时将建筑业企业资质证书交回资质许可机关：（1）资质证书有效期届满，未依法申请延续的，B当选；（2）企业依法终止的；（3）资质证书依法被撤回、撤销或吊销的；（4）企业提出注销申请的；（5）法律、法规规定的应当注销建筑业企业资质的其他情形。

2.3　建造师注册执业制度

单项选择题

1.【参考答案】B

【学天解析】A错，延续注册申请应当在注册有效期满前30日内提出。C错，申请延续注册的，应当提交下列材料：注册建造师延续注册申请表；原注册证书；申请人与聘用单位签订的聘用劳动合同复印件或其他有效证明文件；申请人注册有效期内达到继续教育要求的证明材料。D错，延续注册执业期间可以变更注册。

2.【参考答案】D

【学天解析】申请变更注册的，应当提交下列材料：（1）注册建造师变更注册申请表；（2）注册证书和执业印章；（3）申请人与新聘用单位签订的聘用合同复印件或有效证明文件；（4）工作调动证明（与原聘用单位解除聘用合同或聘用合同到期的证明文件、退休人员的退休证明）。

3.【参考答案】B

【学天解析】申请人有下列情形之一的，不予注册：（1）不具有完全民事行为能力的；（2）申请在两个或者两个以上单位注册的；（3）未达到注册建造师继续教育要求的；（4）受到刑事处罚，刑事处罚尚未执行完毕的；（5）因执业活动受到刑事处罚，自刑事处罚执行完毕之日起至申请注册之日止不满5年的，A可以注册；（6）因前项规定以外的原因受到刑事处罚，自处罚决定之日起至申请注册之日止不满3年的；（7）被吊销注册证书，自处罚决定之日起至申请注册之日止不满2年的，D可以注册；（8）在申请注册之日前3年内担任项目经理期间，所负责项目发生过重大质量和安全事故的；（9）申请人的聘用单位不符合注册单位要求的；（10）年龄超过65周岁的，C可以注册；（11）法律、法规规定不予注册的其他情形。

4.【参考答案】D

【学天解析】申请人有下列情形之一的，不予注册：（1）不具有完全民事行为能力的；（2）申请在两个或者两个以上单位注册的，B错；（3）未达到注册建造师继续教育要求的；（4）受到刑事处罚，刑事处罚尚未执行完毕的；（5）因执业活动受到刑事处罚，自刑事处罚执行完毕之日起至申请注册之日止不满5年的；（6）因前项规定以外的原因受到刑事处罚，自处罚决定之日起至申请注册之日止不满3年的，C错；

（7）被吊销注册证书，自处罚决定之日起至申请注册之日止不满2年的；（8）在申请注册之日前3年内担任项目经理期间，所负责项目发生过重大质量和安全事故的；（9）申请人的聘用单位不符合注册单位要求的；（10）年龄超过65周岁的，A错；（11）法律、法规规定不予注册的其他情形。故A、B、C错。

5.【参考答案】B

【学天解析】注册建造师担任施工项目负责人期间原则上不得更换。如发生下列情形之一的，应当办理书面交接手续后更换施工项目负责人：（1）发包方与注册建造师受聘企业已解除承包合同的，B当选；（2）发包方同意更换项目负责人的；（3）因不可抗力等特殊情况必须更换项目负责人的。

6.【参考答案】C

【学天解析】《注册建造师管理规定》中规定，取得资格证书的人员应当受聘于一个具有建设工程勘察、设计、施工、监理、招标代理、造价咨询等一项或者多项资质的单位，经注册后方可从事相应的执业活动，B错。《建造师执业资格制度暂行规定》中规定，建造师的执业范围包括：（1）担任建设工程项目施工的项目经理；（2）从事其他施工活动的管理工作，A、D错；（3）法律、行政法规或国务院建设行政主管部门规定的其他业务。二级建造师可以担任二级及以下建筑业企业资质的建设工程项目施工的项目经理。

7.【参考答案】A

【学天解析】注册建造师应当履行下列义务：（1）遵守法律、法规和有关管理规定，恪守职业道德；（2）执行技术标准、规范和规程；（3）保证执业成果的质量，并承担相应责任；（4）接受继续教育，努力提高执业水准；（5）保守在执业中知悉的国家秘密和他人的商业、技术等秘密；（6）与当事人有利害关系的，应当主动回避；（7）协助注册管理机关完成相关工作。B、C、D属于建造师的基本权利。

2.4　建筑市场主体信用体系建设

单项选择题

1.【参考答案】D

【学天解析】建筑市场信用信息由基本信息、优良信用信息、不良信用信息构成。优良信用信息是指建筑市场各方主体在工程建设活动中获得的县级以上行政机关或群团组织表彰奖励等信息。

2.【参考答案】D

【学天解析】建筑市场各方主体的信用信息公开期限为：（1）基本信息长期公开；（2）优良信用信息公开期限一般为3年；（3）不良信用信息公开期限一般为6个月至3年，并不得低于相关行政处罚期限，故A、B错。对整改确有实效的，由企业提出申请，经批准，可缩短其不良行为记录信息公布期限，但公布期限最短不得少于3个月，同时将整改结果列入相应不良行为记录后，供有关部门和社会公众查询；对于拒不整改或整改不力的单位，信息发布部门可延长其不良行为记录信息公布期限，故C错。

3.【参考答案】D

【学天解析】下列情形的建筑市场各方主体，列入建筑市场主体“黑名单”：（1）利用虚假材料、以欺骗手段取得企业资质的；（2）发生转包、出借资质，受到行政处罚的，C错，不包括违法分包；（3）发生重大及以上工程质量安全事故，或1年内累计发生2次及以上较大工程质量安全事故，或发生性质恶劣、危害性严重、社会影响大的较大工程质量安全事故，受到行政处罚的，B错；（4）经法院判决或仲裁机构裁决，认定为拖欠工程款，且拒不履行生效法律文书确定的义务的，C错。

4.【参考答案】A

【学天解析】工程质量不良行为认定标准：（1）在施工中偷工减料的，使用不合格建筑材料、建筑构配件和设备的，或者有不按照工程设计图纸或施工技术标准施工的其他行为的；（2）未按照节能设计进行施工的；（3）未对建筑材料、建筑构配件、设备和商品混凝土进行检测，或未对涉及结构安全的试块、试件以及有关材料取样检测的；（4）工程竣工验收后，不向建设单位出具质量保修书的，或质量保修的内容、期限违反规定的；（5）不履行保修义务或者拖延履行保修义务的。B、C、D属于工程质量不良行为。

5.【参考答案】C

【学天解析】工程质量不良行为认定标准：（1）在施工中偷工减料的，使用不合格建筑材料、建筑构配件和设备的，或者有不按照工程设计图纸或施工技术标准施工的其他行为的；（2）未按照节能设计进行施工的；（3）未对建筑材料、建筑构配件、设备和商品混凝土进行检测，或未对涉及结构安全的试块、试件以及有关材料取样检测的；（4）工程竣工验收后，不向建设单位出具质量保修书的，或质量保修的内容、期限违反规定的；（5）不履行保修义务或者拖延履行保修义务的。A、B、D属于安全不良行为。

2.5 营商环境制度

单项选择题

1.【参考答案】D

【学天解析】A错，不得要求投标人在本地注册设立子公司、分公司、分支机构。B错，有关资质证明文件，不得限制要求提供原件。C错，由招标人或招标人授权评标委员会来确定中标候选人。

2.【参考答案】C

【学天解析】合同约定采取履行进度结算、定期结算等结算方式的，付款期限应当自双方确认结算金额之日起算。

3.【参考答案】B

【学天解析】机关、事业单位从中小企业采购货物、工程、服务，应当自货物、工程、服务交付之日起30日内支付款项。

4.【参考答案】B

【学天解析】优化营商环境专项整治工作：（1）违法设置的限制、排斥不同所有制企业参与招投标的规定，以及虽然没有直接限制、排斥，但实质上起到变相限制、排斥效果的规定；（2）违法限定潜在投标人或者投标人的所有制形式或者组织形式，对不同所有制投标人采取不同的资格审查标准；（3）设定企业股东背景、年平均承接项目数量或者金额、从业人员、纳税额、营业场所面积等规模条件；设置超过项目实际需要的企业注册资本、资产总额、净资产规模、营业收入、利润、授信额度等财务指标，A错；（4）设定明显超出招标项目具体特点和实际需要的过高的资质资格、技术、商务条件或者业绩、奖项要求；（5）将国家已经明令取消的资质资格作为投标条件、加分条件、中标条件；在国家已经明令取消资质资格的领域，将其他资质资格作为投标条件、加分条件、中标条件，C错；（6）将特定行政区域、特定行业的业绩、奖项作为投标条件、加分条件、中标条件；将政府部门、行业协会商会或者其他机构对投标人作出的荣誉奖励和慈善公益证明等作为投标条件、中标条件；（7）限定或者指定特定的专利、商标、品牌、原产地、供应商或者检验检测认证机构（法律法规有明确要求的除外）；（8）要求投标人在本地注册设立子公司、分公司、分支机构，在本地拥有一定办公面积，在本地缴纳社会保险等；（9）没有法律法规依据设定投标报名、招标文件审查等事前审批或者审核环节；（10）对仅需提供有关资质证明文件、证照、证件复印件的，要求必须提供原件；对按规定可以采用“多证合一”电子证照的，要求必须提供纸质证照；（11）在开标环节要求投标人的法定代表人必须到场，不接受经授权委托的投标人代表到场，D错；（12）评标专家对不同所有制投标人打分畸高或畸低，且无法说明正当理由；（13）明示或暗示评标专家对不同所有制投标人采取不同的评标标准、实施不客观公正评价；（14）采用抽签、摇号等方式直接确定中标候选人；（15）限定投标保证金、履约保证金只能以现金形式提交，或者不按规定或者合同约定返还保证金；（16）简单以注册人员、业绩数量等规模条件或者特定行政区域的业绩奖项评价企业的信用等级，或者设置对不同所有制企业构成歧视的信用评价指标；（17）不落实《必须招标的工程项目规定》《必须招标的基础设施和公用事业项目范围规定》，违法干涉社会投资的房屋建筑等工程建设单位发包自主权；（18）其他对不同所有制企业设置的不合理限制和壁垒。

第3章　建设工程许可法律制度

3.1　建设工程规划许可

一、单项选择题

1.【参考答案】C

【学天解析】A错，市、县人民政府城乡规划主管部门或者省、自治区、直辖市人民政府确定的镇人民政府核发建设工程规划许可证。B错，由乡、镇人民政府报城市、县人民政府城乡规划主管部门核发乡村建设规划许可证。D错，建设单位或者个人在取得乡村建设规划许可证后，方可办理用地审批手续。

2.【参考答案】C

【学天解析】A错，因修改城乡规划给被许可人合法权益造成损失的，应当依法给予补偿。B错，建设单位应当在竣工验收后6个月内向城乡规划主管部门报送有关验收资料。D错，地方各级人民政府应当向本级人民代表大会常务委员会或者乡、镇人民代表大会报告城乡规划的实施情况，并接受监督。

3.【参考答案】C

【学天解析】在乡、村庄规划区内进行乡镇企业、乡村公共设施和公益事业建设的，建设单位或者个人应当向乡、镇人民政府提出申请，由乡、镇人民政府报城市、县人民政府城乡规划主管部门核发乡村建设规划许可证。

4.【参考答案】C

【学天解析】A错，临时建设影响近期建设规划或者控制性详细规划的实施以及交通、市容、安全等的，不得批准。B错，在城市、镇规划区内进行临时建设的，应当经城市、县人民政府城乡规划主管部门批准。D错，临时建设应当在批准的使用期限内自行拆除。临时建设和临时用地规划管理的具体办法，由省、自治区、直辖市人民政府制定。

二、多项选择题

5.【参考答案】ACD

【学天解析】B错，对符合控制性详细规划和规划条件的，由城市、县人民政府城乡规划主管部门或者省、自治区、直辖市人民政府确定的镇人民政府核发建设工程规划许可证。E错，在城市、镇规划区内进行临时建设的，临时建设应当在批准的使用期限内自行拆除。

6.【参考答案】ABC

【学天解析】申请办理建设工程规划许可证，应当提交使用土地的有关证明文件、建设工程设计方案等材料。需要建设单位编制修建性详细规划的建设项目，还应当提交修建性详细规划。

3.2 建设工程施工许可

一、单项选择题

1.【参考答案】C

【学天解析】在建的建筑工程因故中止施工的，建设单位应当自中止施工之日起一个月内，向发证机关报告，并按照规定做好建筑工程的维护管理工作。建筑工程恢复施工时，应当向发证机关报告；中止施工满一年的工程恢复施工前，建设单位应当报发证机关核验施工许可证。

2.【参考答案】D

【学天解析】A错，建设单位应当自领取施工许可证之日起3个月内开工。因故不能按期开工的，应当向发证机关申请延期。B错，延期以两次为限，每次不超过3个月。C错，既不开工又不申请延期或者超过延期时限的，施工许可证自行废止。

3.【参考答案】C

【学天解析】不需要办理施工许可证和开工报告的情形：（1）作为文物保护的纪念建筑物和古建筑等的修缮；（2）军用房屋建筑工程建筑活动，C当选；（3）限额以下的小型工程；（4）抢险救灾及其他临时性房屋建筑和农民自建低层住宅的建筑活动。

4.【参考答案】A

【学天解析】B错，作为文物保护的纪念建筑物和古建筑等的修缮，不需要办理施工许可证。C错，各级住房城乡建设主管部门可以根据工程总承包合同及分包合同确定设计、施工单位，依法办理施工许可证。D错，依法通过竞争性谈判或者单一来源方式确定供应商的政府采购建设工程项目，符合建筑法规定的申请领取施工许可证条件的，应当颁发施工许可证。

5.【参考答案】B

【学天解析】《建筑工程施工许可管理办法》进一步规定，建设单位申请领取施工许可证，应当具备下列条件，并提交相应的证明文件；……有满足施工需要的技术资料，施工图设计文件已按规定审查合格。

6.【参考答案】C

【学天解析】在建的建筑工程因故中止施工的，建设单位应当自中止施工之日起1个月内，向发证机关报告，并按照规定做好建筑工程的维护管理工作。

7.【参考答案】A

【学天解析】B错，建设单位应当自领取施工许可证之日起3个月内开工。C、D错，因故不能按期开工的，应当向发证机关申请延期；延期以两次为限，每次不超过3个月。

二、多项选择题

8.【参考答案】AB

【学天解析】开工报告的适用范围：（1）国家审批的大中型项目；（2）地方审批的大中型项目、大型技改项目；（3）大中型和限额以上项目；（4）重大政府投资项目。

第4章　建设工程发承包法律制度

4.1　建设工程发承包的一般规定

一、单项选择题

1.【参考答案】A

【学天解析】B错，建设内容明确、技术方案成熟的项目，适宜采用工程总承包方式。C错，工程总承包单位应当同时具有与工程规模相适应的工程设计资质和施工资质，或者由具有相应资质的设计单位和施工单位组成联合体。D错，建筑工程发包可以分为招标方式发包和非招标方式发包两大类型。

2.【参考答案】B

【学天解析】建设工程主体结构的施工必须由承包人自行完成，否则属于违法分包。承包人因转包、违法分包建设工程与他人签订的建设工程合同，应认定为无效。

二、多项选择题

3.【参考答案】ACD

【学天解析】B错，工程总承包单位不得是工程总承包项目的代建单位、项目管理单位、监理单位、造价咨询单位、招标代理单位。E错，工程总承包单位可以采用直接发包的方式进行分包。

4.【参考答案】ACD

【学天解析】工程总承包单位不得以其与分包单位之间保修责任划分而拒绝履行保修责任，B错。分包单位不服从管理导致生产安全事故的，由分包单位承担主要责任，分包不免除工程总承包单位的安全责任，E错。

5.【参考答案】ACE

【学天解析】鼓励设计单位取得施工资质，已取得工程设计综合资质、行业甲级资质、建筑工程专业甲级资质的单位，可以直接申请相应类别施工总承包一级资质。

4.2　建设工程招标投标制度

一、单项选择题

1.【参考答案】C

【学天解析】必须进行招标：（1）大型基础设施、公用事业等关系社会公共利益、公众安全的项目；（2）全部或者部分使用国有资金投资或者国家融资的项目；（3）使用国际组织或者外国政府贷款、援助资金的项目。其中，全部或者部分使用国有资金投资或者国家融资的项目包括：（1）使用预算资金200万元人民币以上，并且该资金占投资额10%以上的项目；（2）使用国有企业事业单位资金，并且该资金占控股或者主导地位的项目，C当选。

2.【参考答案】D

【学天解析】国有资金占控股或者主导地位的依法必须进行招标的项目，应当公开招标；但有下列情形之一的，可以邀请招标：（1）技术复杂、有特殊要求或者受自然环境限制，只有少量潜在投标人可供选择，A、C错；（2）采用公开招标方式的费用占项目合同金额的比例过大。B、C属于可以不招标的项目。

3.【参考答案】B

【学天解析】A、D错，设区的市级以上地方人民政府可以根据实际需要，建立统一规范的招标投标交易场所，为招标投标活动提供服务。C错，招标投标交易场所不得与行政监督部门存在隶属关系，不得以营利为目的。

4.【参考答案】C

【学天解析】A错，在不同媒介发布的同一招标项目的资格预审公告内容应当一致。B错，资格预审结束后，招标人应当及时发布资格预审结果通知书。D错，资格预审应当在开标前对投标人的资格进行审查。

5.【参考答案】C

【学天解析】A错，依法必须进行招标的项目的资格预审公告和招标公告，应当在国务院发展改革部门依法指定的媒介发布。B错，在不同媒介发布的同一招标项目的资格预审公告或者招标公告的内容应当一致。D错，指定媒介发布依法必须进行招标的项目的境内资格预审公告、招标公告，不得收取费用。

6.【参考答案】A

【学天解析】B错，招标人终止招标的，应当及时发布公告，或者以书面形式通知被邀请的或者已经获取资格预审文件、招标文件的潜在投标人。C、D错，已经发售资格预审文件、招标文件或者已经收取投标保证金的，招标人应当及时退还所收取的资格预审文件、招标文件的费用，以及所收取的投标保证金及银行同期存款利息。

7.【参考答案】A

【学天解析】B错，可以再次澄清。C错，招标人修改招标文件应当在要求提交投标文件截止时间至少15日前。D错，招标人对已发出的招标文件进行必要的修改的，应当以书面形式通知。

8.【参考答案】D

【学天解析】A错，投标保证金国家鼓励采用银行保函形式。B错，投标保证金不得超过招标项目估算价的2%。C错，投标人撤回已提交的投标文件，招标人应当退还其投标保证金。

9.【参考答案】D

【学天解析】A错，招标人在招标文件中要求投标人提交投标保证金的，投标保证金不得超过招标项目估算价的2%。B错，投标保证金有效期应当与投标有效期一致。C错，实行两阶段招标的，招标人要求投标人提交投标保证金的，应当在第二阶段提出。

10.【参考答案】C

【学天解析】投标人参加依法必须进行招标的项目的投标，不受地区或者部门的限制，A错。单位负责人为同一人或者存在控股、管理关系的不同单位，不得参加同一标段投标或者未划分标段的同一招标项目投标，B错。与招标人存在利害关系可能影响招标公正性的法人、其他组织或者个人，不得参加投标，D错。

11.【参考答案】B

【学天解析】资格预审后联合体增减、更换成员的，其投标无效。

12.【参考答案】C

【学天解析】A错，招标人应当向评标委员会提供评标所需的重要信息和数据。B错，投标文件未经投标单位盖章和单位负责人签字的，评标委员会应当否决其投标。D错，投标文件中的大写金额和小写金额不一致的，以大写金额为准；总价金额与单价金额不一致的，以单价金额为准，但单价金额小数点有明显错误的除外。

13.【参考答案】D

【学天解析】A错，招标人可以授权评标委员会直接确定中标人。B错，招标人和中标人应当自中标通知书发出之日起30日内，按照招标文件和中标人的投标文件签订合同。C错，招标人和中标人不得再行订立背离合同实质性内容的其他协议。

二、多项选择题

14.【参考答案】ABE

【学天解析】本规定范围内的项目，其勘察、设计、施工、监理以及与工程建设有关的重要设备、材料等的采购达到下列标准之一的，必须招标：（1）施工单项合同估算价在400万元人民币以上，A可以不招标；（2）重要设备、材料等货物的采购，单项合同估算价在200万元人民币以上，B可以不招标；（3）勘察、设计、监理等服务的采购，单项合同估算价在100万元人民币以上，E可以不招标，C、D应招标。

15.【参考答案】ABCD

【学天解析】全部或者部分使用国有资金投资或者国家融资的项目包括：（1）使用预算资金200万元人民币以上，并且该资金占投资额10%以上的项目；（2）使用国有企业事业单位资金，并且该资金占控股或者主导地位的项目。使用国际组织或者外国政府贷款、援助资金的项目包括：（1）使用世界银行、亚洲开发银行等国际组织贷款、援助资金的项目；（2）使用外国政府及其机构贷款、援助资金的项目。

16.【参考答案】ABCD

【学天解析】涉及国家安全、国家秘密、抢险救灾或者属于利用扶贫资金实行以工代赈、需要使用农民工等特殊情况，不适宜进行招标的项目，按照国家有关规定可以不进行招标。

4.3　非招标采购制度

一、单项选择题

1.【参考答案】C

【学天解析】竞争性谈判主要适用于不能或者不宜采用招标方式的采购项目，具体为：（1）招标后没有供应商投标或者没有合格标的或者重新招标未能成立的；（2）技术复杂或者性质特殊，不能确定详细规格或者具体要求的；（3）采用招标所需时间不能满足用户紧急需要的；（4）不能事先计算出价格总额的。

2.【参考答案】D

【学天解析】A错，谈判小组由采购人的代表和有关专家共3人以上的单数组成。B错，公开招标的货物、服务采购项目，招标过程中提交投标文件或者经评审实质性响应招标文件要求的供应商只有2家时，采购人、采购代理机构依法经本级财政部门批准后可以与该2家供应商进行竞争性谈判采购。C错，谈判小组所有成员集中与单一供应商分别进行谈判。

3.【参考答案】B

【学天解析】根据《政府采购法》第32条，采购的货物规格、标准统一、现货货源充足且价格变化幅度小的政府采购项目，可以采用询价方式采购。

4.【参考答案】C

【学天解析】符合下列情形之一的货物或者服务，可以采用单一来源方式采购：（1）只能从唯一供应商处采购的；（2）发生了不可预见的紧急情况不能从其他供应商处采购的；（3）必须保证原有采购项目一致性或者服务配套的要求，需要继续从原供应商处添购，且添购资金总额不超过原合同采购金额百分之十的。

5.【参考答案】B

【学天解析】A错，封闭式框架协议采购是框架协议采购的主要形式。C错，货物项目框架协议有效期一般不超过1年，服务项目框架协议有效期一般不超过2年。D错，封闭式框架协议入围供应商无正当理由，不得主动放弃入围资格或者退出框架协议。开放式框架协议入围供应商可以随时申请退出框架协议。

二、多项选择题

6.【参考答案】ACD

【学天解析】可以采用单一来源方式采购：（1）只能从唯一供应商处采购的；（2）发生了不可预见的紧急情况不能从其他供应商处采购的；（3）必须保证原有采购项目一致性或者服务配套的要求，需要继续从原供应商处添购，且添购资金总额不超过原合同采购金额10%的，B、E不满足以上情况，不当选。

第5章　建设工程合同法律制度

5.1　合同的基本规定

一、单项选择题

1.【参考答案】B

【学天解析】B正确，要约人已确定承诺期限的要约不得撤销，因此甲乙之间买卖合同成立。

2.【参考答案】A

【学天解析】合同的成立一般要经过要约和承诺两个阶段。承诺自通知到达要约人时生效，此时双方意思表示达成一致。买卖合同为诺成合同，诺成合同自当事人双方意思表示一致时即可成立，不以一方交付标的物为合同的成立要件，故A正确。

3.【参考答案】A

【学天解析】B选项孙某属于无民事行为能力人。C选项周某和D选项杨某属于完全民事行为能力人。

4.【参考答案】D

【学天解析】《民法典》规定，无效的或者被撤销的民事法律行为自始没有法律约束力，A错。不能返还或者没有必要返还的，才折价补偿，B错。双方都有过错的，应当各自承担相应的责任，C错。

5.【参考答案】D

【学天解析】A错，当事人受欺诈的，自知道或者应当知道撤销事由之日起1年内没有行使撤销权的，撤销权消灭。B错，因重大误解而为的民事法律行为，当事人自知道或者应当知道撤销事由之日起90日内没有行使撤销权的，撤销权消灭。C错，当事人受胁迫的，自胁迫行为终止之日起1年内没有行使撤销权的，撤销权消灭。

6.【参考答案】D

【学天解析】无效的或者被撤销的民事法律行为自始没有法律约束力。

7.【参考答案】A

【学天解析】B错，履行地点不明确，给付货币的，在接受货币一方所在地履行。C错，交付不动产后，在不动产所在地履行。D错，其他标的，在履行义务一方所在地履行。

二、多项选择题

8.【参考答案】ABDE

【学天解析】有下列情形之一的，要约失效：（1）要约被拒绝；（2）要约被依法撤销；（3）承诺期限届满，受要约人未作出承诺；（4）受要约人对要约的内容作出实质性变更。

9.【参考答案】CDE

【学天解析】《民法典》规定，具备下列条件的民事法律行为有效：（1）行为人具有相应的民事行为能力；（2）意思表示真实；（3）不违反法律、行政法规的强制性规定，不违背公序良俗。

5.2　建设工程施工合同的规定

一、单项选择题

1.【参考答案】A

【学天解析】建设工程合同应当采用书面形式订立。

2.【参考答案】D

【学天解析】建设工程施工合同无效，但是建设工程经验收合格的，可以参照合同关于工程价款的约定折价补偿承包人，A错。建设工程施工合同无效，且建设工程经验收不合格的，按照以下情形处理：（1）修复后的建设工程经验收合格的，发包人可以请求承包人承担修复费用的，C错；（2）修复后的建设工程经验收不合格的，承包人无权请求参照合同关于工程价款的约定折价补偿，B错。发包人对因建设工程不合格造成的损失有过错的，应当承担相应的责任。

3.【参考答案】D

【学天解析】当事人对建设工程开工日期有争议的，人民法院应当分别按照以下情形予以认定：（1）开工日期为发包人或者监理人发出的开工通知载明的开工日期，D当选；开工通知发出后，尚不具备开工条件的，以开工条件具备的时间为开工日期；因承包人原因导致开工时间推迟的，以开工通知载明的时间为开工日期；（2）承包人经发包人同意已经实际进场施工的，以实际进场施工时间为开工日期；（3）发包人或者监理人未发出开工通知，亦无相关证据证明实际开工日期的，应当综合考虑开工报告、合同、施工许可证、竣工验收报告或者竣工验收备案表等载明的时间，并结合是否具备开工条件的事实，认定开工日期。

4.【参考答案】C

【学天解析】当事人对建设工程实际竣工日期有争议的，人民法院应当分别按照以下情形予以认定：（1）建设工程经竣工验收合格的，以竣工验收合格之日为竣工日期，A错；（2）承包人已经提交竣工验收报告，发包人拖延验收的，以承包人提交验收报告之日为竣工日期；（3）建设工程未经竣工验收，发包人擅自使用的，以转移占有建设工程之日为竣工日期，B、D错。

5.【参考答案】A

【学天解析】发包人具有下列情形之一，造成建设工程质量缺陷，应当承担过错责任：（1）提供的设计有缺陷；（2）提供或者指定购买的建筑材料、建筑构配件、设备不符合强制性标准；（3）直接指定分包人分包专业工程，A当选。

6.【参考答案】C

【学天解析】承包人能够证明发包人同意其施工，但未能提供签证文件证明工程量发生的，可以按照当事人提供的其他证据确认实际发生的工程量，A错。当事人就同一建设工程订立的数份建设工程施工合同均无效，但建设工程质量合格，一方当事人请求参照实际履行的合同结算建设工程价款的，人民法院应予支持，实际履行的合同难以确定，当事人请求参照最后签订的合同结算建设工程价款的，人民法院应予支持，B、D错。

7.【参考答案】C

【学天解析】A、B错，当事人就同一建设工程订立的数份建设工程施工合同均无效，但建设工程质量合格，一方当事人请求参照实际履行的合同结算建设工程价款的，人民法院应予支持。实际履行的合同难以确定，当事人请求参照最后签订的合同结算建设工程价款的，人民法院应予支持。D错，当事人签订的建设工程施工合同与招标文件、投标文件、中标通知书载明的工程范围、建设工期、工程质量、工程价款不一致，一方当事人请求将招标文件、投标文件、中标通知书作为结算工程价款的依据的，人民法院应予支持。

二、多项选择题

8.【参考答案】ACE

【学天解析】B、D选项属于可撤销合同的情形。

9.【参考答案】ABD

【学天解析】当事人对建设工程开工日期有争议的，人民法院应当分别按照以下情形予以认定。（1）开工日期为发包人或者监理人发出的开工通知载明的开工日期；开工通知发出后，尚不具备开工条件的，以开工条件具备的日期为开工日期；因承包人原因导致开工时间推迟的，以开工通知载明的日期为开工日期。（2）承包人经发包人同意已经实际进场施工的，以实际进场施工时间为开工日期，C错。（3）发包人或者监理人未发出开工通知，亦无相关证据证明实际开工日期的，应当综合考虑开工报告、合同、施工许可证、竣工验收报告或者竣工验收备案表等载明的时间，并结合是否具备开工条件的事实，认定开工日期，E错。

5.3 相关合同制度

一、单项选择题

1.【参考答案】A

【学天解析】B错，当事人对检验期限未作约定，买受人签收的送货单、确认单等载明标的物数量、型号、规格的，推定买受人已经对数量和外观瑕疵进行检验，但是有相关证据足以推翻的除外。C错，当事人约定检验期限的，买受人应当在检验期限内将标的物的数量或者质量不符合约定的情形通知出卖人。D错，买受人收到标的物时应当在约定的检验期限内检验。

2.【参考答案】A

【学天解析】标的物毁损、灭失的风险，在标的物交付之前由出卖人承担，交付之后由买受人承担，但是法律另有规定或者当事人另有约定的除外，故A正确。

3.【参考答案】C

【学天解析】借款的利息不得预先在本金中扣除。利息预先在本金中扣除的，应当按照实际借款数额返还借款并计算利息。

4.【参考答案】C

【学天解析】A错，自然人之间的借款可以口头、书面的方式订立。B错，利息不得预先在本金中扣除。D错，借款人未按照约定的借款用途使用借款的，贷款人可以停止发放借款、提前收回借款或者解除合同。

5.【参考答案】C

【学天解析】A错，借款的利息不得预先在本金中扣除。B错，借款人应当按照约定的期限支付利息，对支付利息的期限没有约定或者约定不明确的，可以协议补充；不能达成补充协议的，按照合同有关条款或者交易习惯确定。D错，借款人提前返还借款的，除当事人另有约定外，应当按照实际借款的期间计算利息。

二、多项选择题

6.【参考答案】ACD

【学天解析】出卖人对于出卖的标的物没有所有权或处分权，或者没有完全的所有权或处分权，或者其处分涉及第三人的物权、知识产权等权益，则称其标的物存在权利瑕疵，出卖人因此应当承担权利瑕疵担保责任，B、E不属于以上情形，故不当选。

7.【参考答案】ACDE

【学天解析】一般保证的保证人在主合同纠纷未经审判或者仲裁，并就债务人财产依法强制执行仍不能履行债务前，有权拒绝向债权人承担保证责任，但是有下列情形之一的除外：（1）债务人下落不明，且无财产可供执行；（2）人民法院已经受理债务人破产案件；（3）债权人有证据证明债务人的财产不足以履行全部债务或者丧失履行债务能力；（4）保证人书面表示放弃本款规定的权利，B错。

第6章　建设工程安全生产法律制度

6.1　建设单位和相关单位的安全责任制度

一、单项选择题

1.【参考答案】D

【学天解析】A错，应当向勘察单位提供勘察的原始资料。B错，合同工期是在定额工期的指导下，由工程建设的承发包双方根据项目建设的具体情况，经招标投标或协商一致后在承包合同书中确认的建设工期。C错，属于设计单位的安全责任。

2.【参考答案】B

【学天解析】工程监理单位有下列行为之一的，责令限期改正；逾期未改正的，责令停业整顿，并处10万元以上30万元以下的罚款；情节严重的，降低资质等级，直至吊销资质证书；造成重大安全事故，构成犯罪的，对直接责任人员，依照刑法有关规定追究刑事责任；造成损失的，依法承担赔偿责任：（1）未对施工组织设计中的安全技术措施或者专项施工方案进行审查的，A错；（2）发现安全事故隐患未及时要求施工单位整改或者暂时停止施工的；（3）施工单位拒不整改或者不停止施工，未及时向有关主管部门报告的，C错；（4）未依照法律、法规和工程建设强制性标准实施监理的。工程监理单位在实施监理过程中，发现存在安全事故隐患的，应当要求施工单位整改，D错；情况严重的，应当要求施工单位暂时停止施工，并及时报告建设单位。

3.【参考答案】A

【学天解析】采用新结构、新材料、新工艺的建设工程和特殊结构的建设工程，设计单位应当在设计中提出保障施工作业人员安全和预防生产安全事故的措施建议。

4.【参考答案】A

【学天解析】B错，建设工程勘察、设计文件中规定采用的新技术、新材料，可能影响建设工程质量和安全，又没有国家技术标准的，应当由国家认可的检测机构进行试验、论证，出具检测报告，并经国务院有关部门或者省、自治区、直辖市人民政府有关部门组织的建设工程技术专家委员会审定后，方可使用。C错，勘察单位、设计单位有下列行为之一的，责令限期改正，处10万元以上30万元以下的罚款；情节严重的，责令停业整顿，降低资质等级，直至吊销资质证书；造成重大安全事故，构成犯罪的，对直接责任人员，依照刑法有关规定追究刑事责任；造成损失的，依法承担赔偿责任：（1）未按照法律、法规和工程建设强制性标准进行勘察、设计的；（2）采用新结构、新材料、新工艺的建设工程和特殊结构的建设工程，设计单位未在设计中提出保障施工作业人员安全和预防生产安全事故的措施建议的。D错，注册执业人员未执行法律、法规和工程建设强制性标准的，责令停止执业3个月以上1年以下；情节严重的，吊销执业资格证书，5年内不予注册；造成重大安全事故的，终身不予注册；构成犯罪的，依照刑法有关规定追究刑事责任。

5.【参考答案】D

【学天解析】出租的机械设备和施工机具及配件，应当具有生产（制造）许可证、产品合格证。出租单位应当对出租的机械设备和施工机具及配件的安全性能进行检测，在签订租赁协议时，应当出具检测合格证明。

二、多项选择题

6.【参考答案】BCDE

【学天解析】建设单位的安全责任有：向施工单位提供真实、准确和完整的有关资料；不得提出违法要求和随意压缩合同工期，等等。A属于监理单位的安全责任。

7.【参考答案】ABC

【学天解析】建设单位的安全责任有：向施工单位提供真实、准确和完整的有关资料；依法办理有关批准手续；不得提出违法要求和随意压缩合同工期；确定建设工程安全作业环境及安全施工措施所需费用；不得要求购买、租赁和使用不符合安全施工要求的用具设备等；申领施工许可证应当提供有关安全施工措施的资料；装修工程和拆除工程的规定。D属于施工单位的安全责任，E属于总承包单位的安全责任。

6.2 施工安全生产许可证制度

单项选择题

1.【参考答案】B

【学天解析】建筑施工企业取得安全生产许可证，应当具备12项安全生产条件：（1）建立健全安全生产责任制，制定完备的安全生产规章制度和操作规程；（2）保证本单位安全生产条件所需资金的投入，A错；（3）设置安全生产管理机构，按照国家有关规定配备专职安全生产管理人员；（4）主要负责人、项目负责人、专职安全生产管理人员经建设主管部门或者其他有关部门考核合格，C错；（5）特种作业人员经有关业务主管部门考核合格，取得特种作业操作资格证书；（6）管理人员和作业人员每年至少进行1次安全生产教育培训并考核合格；（7）依法参加工伤保险，依法为施工现场从事危险作业的人员办理意外伤害保险，为从业人员缴纳保险费，D错；（8）施工现场的办公、生活区及作业场所和安全防护用具、机械设备、施工机具及配件符合有关安全生产法律、法规、标准和规程的要求；（9）有职业危害防治措施，并为作业人员配备符合国家标准或者行业标准的安全防护用具和安全防护服装；（10）有对危险性较大的分部分项工程及施工现场易发生重大事故的部位、环节的预防、监控措施和应急预案；（11）有生产安全事故应急救援预案、应急救援组织或者应急救援人员，配备必要的应急救援器材、设备；（12）法律、法规规定的其他条件。

2.【参考答案】C

【学天解析】建筑施工企业取得安全生产许可证，应当具备12项安全生产条件：（1）建立健全安全生产责任制，制定完备的安全生产规章制度和操作规程；（2）保证本单位安全生产条件所需资金的投入；（3）设置安全生产管理机构，按照国家有关规定配备专职安全生产管理人员，B错；（4）主要负责人、项目负责人、专职安全生产管理人员经建设主管部门或者其他有关部门考核合格；（5）特种作业人员经有关业务主管部门考核合格，取得特种作业操作资格证书；（6）管理人员和作业人员每年至少进行1次安全生产教育培训并考核合格；（7）依法参加工伤保险，依法为施工现场从事危险作业的人员办理意外伤害保险，为从业人员缴纳保险费，A错；（8）施工现场的办公、生活区及作业场所和安全防护用具、机械设备、施工机具及配件符合有关安全生产法律、法规、标准和规程的要求；（9）有职业危害防治措施，并为作业人员配备符合国家标准或者行业标准的安全防护用具和安全防护服装，D错；（10）有对危险性较大的分部分项工程及施工现场易发生重大事故的部位、环节的预防、监控措施和应急预案；（11）有生产安全事故应急救援预案、应急救援组织或者应急救援人员，配备必要的应急救援器材、设备；（12）法律、法规规定的其他条件。

3.【参考答案】D

【学天解析】A错，转让安全生产许可证的，没收违法所得，处10万元以上50万元以下的罚款，并吊销其安全生产许可证。B错，安全生产许可证有效期满未办理延期手续，继续进行生产的，责令停止生产，限期补办延期手续，没收违法所得，并处5万元以上10万元以下的罚款。C错，建筑施工企业不再具备安全生产条件的，暂扣安全生产许可证并限期整改；情节严重的，吊销安全生产许可证。

4.【参考答案】B

【学天解析】建筑施工企业破产、倒闭、撤销的，应当将安全生产许可证交回原安全生产许可证颁发管理机关予以注销。A、C、D错，属于撤销的情形。

5.【参考答案】A

【学天解析】安全生产许可证的有效期为3年。安全生产许可证有效期满需要延期的，企业应当于期满前3个月向原安全生产许可证颁发管理机关办理延期手续。企业在安全生产许可证有效期内，严格遵守有关安全生产的法律法规，未发生死亡事故的，安全生产许可证有效期届满时，经原安全生产许可证颁发管理机关同意，不再审查，安全生产许可证有效期延期3年，并非自动延期，B、C错。建筑施工企业变更名称、地址、法定代表人等，应当在变更后10日内，到原安全生产许可证颁发管理机关办理安全生产许可证变更手续，D错。

6.3　施工单位安全生产责任制度

一、单项选择题

1.【参考答案】B

【学天解析】生产经营单位的主要负责人对本单位安全生产工作负有下列职责：（1）建立健全本单位安全生产责任制；（2）组织制定本单位安全生产规章制度和操作规程；（3）保证本单位安全生产投入的有效实施，B当选；（4）督促、检查本单位的安全生产工作，及时消除生产安全事故隐患；（5）组织制定并实施本单位的生产安全事故应急救援预案；（6）及时、如实报告生产安全事故；（7）组织制订并实施本单位安全生产教育和培训计划。

2.【参考答案】D

【学天解析】项目专职安全生产管理人员具有以下主要职责：（1）负责施工现场安全生产日常检查并做好检查记录；（2）现场监督危险性较大工程安全专项施工方案实

施情况，D当选；（3）对作业人员违规违章行为有权予以纠正或查处；（4）对施工现场存在的安全隐患有权责令立即整改；（5）对于发现的重大安全隐患，有权向企业安全生产管理机构报告；（6）依法报告生产安全事故情况。

3.【参考答案】D

【学天解析】A属于项目负责人职责；B、C属于施工单位主要负责人职责。

4.【参考答案】B

【学天解析】建筑施工企业安全生产管理机构专职安全生产管理人员的配备应满足下列要求，并应根据企业经营规模、设备管理和生产需要予以增加。（1）建筑施工总承包资质序列企业：特级资质不少于6人，B当选；一级资质不少于4人；二级和二级以下资质企业不少于3人。（2）建筑施工专业承包资质序列企业：一级资质不少于3人；二级和二级以下资质企业不少于2人。（3）建筑施工劳务分包资质序列企业不少于2人。（4）建筑施工企业的分公司、区域公司等较大的分支机构应依据实际生产情况配备不少于2人的专职安全生产管理人员。

5.【参考答案】B

【学天解析】总承包单位配备项目专职安全生产管理人员应当满足下列要求。（1）建筑工程、装修工程按照建筑面积配备：①1万平方米以下的工程不少于1人；②1万～5万平方米的工程不少于2人；③5万平方米及以上的工程不少于3人，且按专业配备专职安全生产管理人员。（2）土木工程、线路管道、设备安装工程按照工程合同价配备：①5000万元以下的工程不少于1人，B当选；②5000万～1亿元的工程不少于2人；③1亿元及以上的工程不少于3人，且按专业配备专职安全生产管理人员。

6.【参考答案】C

【学天解析】施工安全管理有下列情形之一的，应判定为重大事故隐患。（1）建筑施工企业未取得安全生产许可证擅自从事建筑施工活动；（2）施工单位的主要负责人、项目负责人、专职安全生产管理人员未取得安全生产考核合格证书从事相关工作；（3）建筑施工特种作业人员未取得特种作业人员操作资格证书上岗作业，C当选；（4）危险性较大的分部分项工程未编制、未审核专项施工方案，或未按规定组织专家对“超过一定规模的危险性较大的分部分项工程范围”的专项施工方案进行论证。

二、多项选择题

7.【参考答案】DE

【学天解析】企业主要负责人、项目负责人和专职安全生产管理人员合称“安管人员”。“安管人员”应当通过其受聘企业，向企业工商注册地的省、自治区、直辖市人民政府住房城乡建设主管部门申请安全生产考核，并取得安全生产考核合格证书。安全生产考核合格证书有效期为3年，证书在全国范围内有效。A错，应通过受聘企业申请考核。B错，由省级住房城乡建设主管部门颁发。C错，安全生产考核合格证书有效期为3年。

6.4　施工现场安全防护制度

一、单项选择题

1.【参考答案】C

【学天解析】A错，应当委托具有相应勘察资质的单位进行监测。B错，由监测单位技术负责人审核签字并加盖单位公章。D错，监测单位及时向建设单位报送监测成果，并对监测成果负责。

2.【参考答案】D

【学天解析】A错，实行施工总承包的，专项施工方案应当由施工总承包单位组织编制。危大工程实行分包的，专项施工方案可以由相关专业分包单位组织编制。B错，危大工程实行分包并由分包单位编制专项施工方案的，专项施工方案应当由总承包单位技术负责人及分包单位技术负责人共同审核签字并加盖单位公章。C错，实行施工总承包的，由施工总承包单位组织召开专家论证会。

3.【参考答案】C

【学天解析】安全文明施工费包括以下几种。（1）环境保护费：是指施工现场为达到环保部门要求所需要的各项费用。（2）文明施工费：是指施工现场文明施工所需要的各项费用。（3）安全施工费：是指施工现场安全施工所需要的各项费用。（4）临时设施费：是指施工企业为进行建设工程施工所必需搭设的生活和生产用的临时建筑物、构筑物和其他临时设施费用，包括临时设施的搭设、维修、拆除、清理费或摊销费等，C当选。

4.【参考答案】B

【学天解析】A错，列入工程造价。C错，企业根据安全生产实际需要，可适当提高安全费用提取标准。D错，总包单位应当将安全费用按比例直接支付分包单位并监督使用，分包单位不再重复提取。

二、多项选择题

5.【参考答案】ABDE

【学天解析】对下列达到一定规模的危险性较大的分部分项工程编制专项施工方

案，并附具安全验算结果，经施工单位技术负责人、总监理工程师签字后实施，由专职安全生产管理人员进行现场监督：（1）基坑支护与降水工程；（2）土方开挖工程；（3）模板工程；（4）起重吊装工程；（5）脚手架工程；（6）拆除、爆破工程；（7）国务院建设行政主管部门或者其他有关部门规定的其他危险性较大的工程。

6.【参考答案】ACDE

【学天解析】B错，专项施工方案应当由施工单位技术负责人审核签字、加盖单位公章，并由总监理工程师审查签字、加盖执业印章后方可实施。

6.5　施工生产安全事故的应急救援与调查处理

一、单项选择题

1.【参考答案】C

【学天解析】事故一般分为以下等级：（1）特别重大事故，是指造成30人以上死亡，或者100人以上重伤（包括急性工业中毒，下同），或者1亿元以上直接经济损失的事故；（2）重大事故，是指造成10人以上30人以下死亡，或者50人以上100人以下重伤，或者5000万元以上1亿元以下直接经济损失的事故；（3）较大事故，是指造成3人以上10人以下死亡，或者10人以上50人以下重伤，或者1000万元以上5000万元以下直接经济损失的事故；（4）一般事故，是指造成3人以下死亡，或者10人以下重伤，或者1000万元以下直接经济损失的事故，C正确。

2.【参考答案】D

【学天解析】A错，应急救援队伍应当配备必要的应急救援装备和物资，并定期组织训练。B错，应急救援队伍建立单位或者兼职应急救援人员所在单位应当按照国家有关规定对应急救援人员进行培训；应急救援人员经培训合格后，方可参加应急救援工作。C错，建筑施工单位应当建立应急救援队伍；其中，小型企业或者微型企业等规模较小的生产经营单位，可以不建立应急救援队伍，但应当指定兼职的应急救援人员，并且可以与邻近的应急救援队伍签订应急救援协议。

3.【参考答案】D

【学天解析】重大事故、较大事故、一般事故，负责事故调查的人民政府应当自收到事故调查报告之日起15日内作出批复；特别重大事故，30日内作出批复，特殊情况下，批复时间可以适当延长，但延长的时间最长不超过30日，A、B错。事故发生单位应当按照负责事故调查的人民政府的批复，对本单位负有事故责任的人员进行处理，C错。

4.【参考答案】D

【学天解析】A错，事故调查组组长由负责事故调查的人民政府指定。B错，事故调查中需要进行技术鉴定的，事故调查组应当委托具有国家规定资质的单位进行技术鉴定。必要时，事故调查组可以直接组织专家进行技术鉴定。C错，未经事故调查组组长允许，事故调查组成员不得擅自发布有关事故的信息。

二、多项选择题

5.【参考答案】CDE

【学天解析】A错，施工单位应当制定本单位生产安全事故应急救援预案，建立应急救援组织或者配备应急救援人员，配备必要的应急救援器材、设备，并定期组织演练。B错，实行施工总承包的，由总承包单位统一组织编制建设工程生产安全事故应急救援预案，即分包单位可参与编制。

6.6　政府主管部门安全生产监督管理

单项选择题

1.【参考答案】A

【学天解析】安全生产监督检查人员执行监督检查任务时，必须出示有效的行政执法证件，B错。负有安全生产监督管理职责的部门在监督检查中，应当互相配合，实行联合检查，C错。发现存在的安全问题应当由其他有关部门进行处理的，应当及时移送其他有关部门并形成记录备查，D错。

2.【参考答案】D

【学天解析】负有安全生产监督管理职责的部门依照前款规定采取停止供电措施，除有危及生产安全的紧急情形外，应当提前24小时通知生产经营单位，D正确。

3.【参考答案】C

【学天解析】C错，施工安全监督人员应当具有两年及以上施工安全管理经验。

4.【参考答案】D

【学天解析】A错，施工安全监督人员应当具备下列条件：（1）具有工程类相关专业大专及以上学历或初级及以上专业技术职称；（2）具有两年及以上施工安全管理经验；（3）熟悉掌握相关法律法规和工程建设标准规范；（4）经业务培训考核合格，取得相关执法证书；（5）具有良好的职业道德。B错，施工安全监督机构应当具备以下条件：（1）具有完整的组织体系，岗位职责明确；（2）具有符合规定的施工安全监督人员，人员数量满足监督工作需要且专业结构合理，其中监督人员应当占监督机构总人数的75%以上；（3）具有固定的工作场所，配备满足监督工作需要的仪器、设备、工具及安全防护用品；（4）有健全的施工安全监督工作制度，具备与监督工作相适应的信息化管理条件。C错，工程项目因故中止施工的，监督机构对工程项目中止施工安全监督。

第7章　建设工程质量法律制度

7.1　工程建设标准

单项选择题

1.【参考答案】B

【学天解析】A错，强制性国家标准由国务院批准发布或者授权批准发布。C错，强制性国家标准的解释与标准具有同等效力。D错，复审周期一般不得超过5年。

2.【参考答案】C

【学天解析】《标准化法》规定，国务院有关行政主管部门依据职责负责强制性国家标准的项目提出、组织起草、征求意见和技术审查。国务院标准化行政主管部门负责强制性国家标准的立项、编号和对外通报。故C正确。

3.【参考答案】D

【学天解析】建设项目规划审查机构应当对工程建设规划阶段执行强制性标准的情况实施监督；施工图设计文件审查单位应当对工程建设勘察、设计阶段执行强制性标准的情况实施监督，D当选；建筑安全监督管理机构应当对工程建设施工阶段执行施工安全强制性标准的情况实施监督；工程质量监督机构应当对工程建设施工、监理、验收等阶段执行强制性标准的情况实施监督。

4.【参考答案】C

【学天解析】强制性标准监督检查的内容包括：（1）工程技术人员是否熟悉、掌握强制性标准，C当选；（2）工程项目的规划、勘察、设计、施工、验收等是否符合强制性标准的规定；（3）工程项目采用的材料、设备是否符合强制性标准的规定；（4）工程项目的安全、质量是否符合强制性标准的规定；（5）工程项目采用的导则、指南、手册、计算机软件的内容是否符合强制性标准的规定。

7.2　无障碍环境建设制度

单项选择题

1.【参考答案】D

【学天解析】A错，无障碍设施应当与主体工程同步规划、同步设计、同步施工、同步验收、同步交付使用。B错，工程建设单位应当将无障碍环境建设经费纳入工程建设项目概预算。C错，县级以上人民政府应当将无障碍环境建设纳入国民经济和社会发展规划，将所需经费纳入本级预算，建立稳定的经费保障机制。

2.【参考答案】D

【学天解析】国家鼓励工程建设单位在新建、改建、扩建建设项目的规划、设计和竣工验收等环节，邀请残疾人、老年人代表以及残疾人联合会、老龄协会等组织，参加意见征询和体验试用等活动，故D正确。

3.【参考答案】B

【学天解析】A错，县级以上人民政府应当支持、指导家庭无障碍设施改造。C错，县级以上人民政府及其有关部门应当采取措施、创造条件，并发挥社区基层组织作用，推动既有多层住宅加装电梯或者其他无障碍设施。D错，不具备无障碍设施改造条件的，责任人应当采取必要的替代性措施。

4.【参考答案】C

【学天解析】A错，国家鼓励高等学校、中等职业学校等开设无障碍环境建设相关专业和课程，开展无障碍环境建设理论研究、国际交流和实践活动。B错，建筑、交通运输、计算机科学与技术等相关学科专业应当增加无障碍环境建设的教学和实践内容，相关领域职业资格、继续教育以及其他培训的考试内容应当包括无障碍环境建设知识。D错，国家鼓励机关、企事业单位、社会团体以及其他社会组织，对工作人员进行无障碍服务知识与技能培训。

7.3　建设单位及相关单位的质量责任和义务

单项选择题

1.【参考答案】C

【学天解析】建设单位可以委托有监理资质并与被监理工程的施工承包单位没有隶属关系或者其他利害关系的设计单位进行监理，A错。工程监理单位与被监理工程的施工承包单位以及建筑材料、建筑构配件和设备供应单位有隶属关系或者其他利害关系的，不得承担该项建设工程的监理业务，B错。工程监理单位不得转让工程监理业务，D错。

2.【参考答案】D

【学天解析】《建筑法》《建设工程质量管理条例》都规定，设计单位在设计文件中选用的建筑材料、建筑构配件和设备，应当注明规格、型号、性能等技术指标，其质量要求必须符合国家规定的标准，A、C错。除有特殊要求的建筑材料、专用设备、工艺生产线等外，设计单位不得指定生产厂、供应商，B错。

3.【参考答案】B

【学天解析】A错，工程监理单位与被监理工程的施工承包单位以及建筑材料、建筑构配件和设备供应单位有隶属关系或者其他利害关系的，不得承担该项建设工程的监理业务。C错，未经监理工程师签字，建筑材料、建筑构配件和设备不得在工程上使用或者安装，施工单位不得进行下一道工序的施工。未经总监理工程师签字，建设单位不拨付工程款，不进行竣工验收。D错，监理工作的主要依据是：法律、法规以及有关技术标准、设计文件和建设工程承包合同。

4.【参考答案】A

【学天解析】B错，按照合同约定，由建设单位采购建筑材料、建筑构配件和设备的，建设单位应当保证建筑材料、建筑构配件和设备符合设计文件和合同要求。C错，建设单位在开工前，应当按照国家有关规定办理工程质量监督手续，工程质量监督手续，可以与施工许可证或者开工报告合并办理。D错，项目负责人如有更换的，应当按规定办理变更程序，重新签署工程质量终身责任承诺书，连同法定代表人授权书，报工程质量监督机构备案。

5.【参考答案】C

【学天解析】A错，工程监理单位不得与被监理工程的承包单位以及建筑材料、建筑构配件和设备供应单位有隶属关系或者其他利害关系。B错，对施工质量承担监理责任。D错，组织建设工程竣工验收是建设单位的责任。

7.4　施工单位的质量责任和义务

单项选择题

1.【参考答案】B

【学天解析】《建筑法》规定，建筑工程实行总承包的，工程质量由工程总承包单位负责，总承包单位将建筑工程分包给其他单位的，应当对分包工程的质量与分包单位承担连带责任。

2.【参考答案】A

【学天解析】《建设工程质量管理条例》规定，施工单位必须按照工程设计图纸和施工技术标准施工，不得擅自修改工程设计，不得偷工减料。施工单位在施工过程中发现设计文件和图纸有差错的，应当及时提出意见和建议。

3.【参考答案】D

【学天解析】见证人员和取样人员应对试样的代表性与真实性负责，A错。涉及结构安全的试块、试件和材料见证取样和送检的比例不得低于有关技术标准中规定应取样数量的30%，B错。见证人员应由建设单位或该工程的监理单位中具备施工试验知识的专业技术人员担任，C错。

4.【参考答案】A

【学天解析】下列试块、试件和材料必须实施见证取样和送检：（1）用于承重结构的混凝土试块；（2）用于承重墙体的砌筑砂浆试块；（3）用于承重结构的钢筋及连接接头试件，A当选；（4）用于承重墙的砖和混凝土小型砌块；（5）用于拌制混凝土和砌筑砂浆的水泥；（6）用于承重结构的混凝土中使用的掺加剂；（7）地下、屋面、厕浴间使用的防水材料；（8）国家规定必须实行见证取样和送检的其他试块、试件和材料。

5.【参考答案】C

【学天解析】检测机构和检测人员不得推荐或者监制建筑材料、构配件和设备，A错。检测报告经建设单位或者工程监理单位确认后，由施工单位归档，B错。检测机构应当将检测过程中发现的建设单位、监理单位、施工单位违反有关法律、法规和工程建设强制性标准的情况，以及涉及结构安全检测结果的不合格情况，及时报告工程所在地建设主管部门，D错。

6.【参考答案】A

【学天解析】工程质量检测应当由建设企业委托具有相应资质的检测机构进行检测，B错。检测机构和检测人员不得推荐或者监制建筑材料、构配件和设备，C错。检测报告经建设单位或者工程监理单位确认后，由施工单位归档，D错。

7.5　建设工程竣工验收制度

一、单项选择题

1.【参考答案】B

【学天解析】建设工程竣工验收应当具备下列条件：完成建设工程设计和合同约定的各项内容，A错；有完整的技术档案和施工管理资料；有工程使用的主要建筑材料、建筑构配件和设备的进场试验报告，D错；有勘察、设计、施工、工程监理等单位分别签署的质量合格文件；有施工单位签署的工程保修书，C错。

2.【参考答案】C

【学天解析】A错，国家实行固定资产投资项目节能评估和审查制度。B错，对不符合强制性节能标准的项目，建设单位不得开工建设。D错，建筑节能分部工程的质量验收，应在施工单位自检合格，且检验批、分项工程全部合格的基础上，进行外墙节能构造外窗气密性现场实体检测和设备系统节能性能检测，确认建筑节能工程质量达到验收的条件后方可进行。

3.【参考答案】A

【学天解析】B错，建设单位应当在工程竣工验收后3个月内，向城建档案馆报送一套符合规定的建设工程档案。C错，对改建、扩建和重要部位维修的工程，建设单位应当组织设计、施工单位据实修改、补充和完善原建设工程档案。凡结构和平面布置等改变的，应当重新编制建设工程档案。D错，建设工程项目实行总承包管理的，总包单位应负责收集、汇总各分包单位形成的工程档案，并应及时向建设单位移交。

4.【参考答案】D

【学天解析】A错，建设单位应当自工程竣工验收合格之日起15日内，向工程所在地的县级以上地方人民政府建设主管部门（以下简称备案机关）备案。B错，建设单位办理工程竣工验收备案应当提交下列文件：……法律规定应当由公安消防部门出具的对大型的人员密集场所和其他特殊建设工程验收合格的证明文件。C错，工程质量监督机构应当在工程竣工验收之日起5日内，向备案机关提交工程质量监督报告。

二、多项选择题

5.【参考答案】ABCE

【学天解析】建设工程竣工验收应当具备下列条件：（1）完成建设工程设计和合同约定的各项内容；（2）有完整的技术档案和施工管理资料；（3）有工程使用的主要建筑材料、建筑构配件和设备的进场试验报告；（4）有勘察、设计、施工、工程监理等单位分别签署的质量合格文件；（5）有施工单位签署的工程保修书。建设工程经验收合格的，方可交付使用。

7.6 建设工程质量保修制度

一、单项选择题

1.【参考答案】D

【学天解析】A错，基础设施工程、房屋建筑的地基基础工程和主体结构工程，为设计文件规定的该工程的合理使用年限。B错，如果建设单位与施工单位经平等协商另行签订保修合同的，其保修期限可以高于法定的最低保修期限，但不能低于法定的最低保修期限。C错，建设工程在超过合理使用年限后需要继续使用的，产权所有人应当委托具有相应资质等级的勘察、设计单位鉴定，并根据鉴定结果采取加固、维修等措施，重新界定使用期。

2.【参考答案】D

【学天解析】建筑业企业在工程建设中需缴纳的保证金，除依法依规设立的投标保证金、履约保证金、工程质量保证金、农民工工资保证金外，其他保证金一律取消，A错。未按规定或合同约定返还保证金的，保证金收取方应向建筑业企业支付逾期返还违约金，B错。可以是银行出具的银行保函、保兑支票、银行汇票或现金支票，C错。

二、多项选择题

3.【参考答案】BCD

【学天解析】质量保修书中应当明确建设工程的保修范围、保修期限和保修责任等。

4.【参考答案】BCE

【学天解析】建设工程的最低保修期限为：（1）基础设施工程、房屋建筑的地基基础工程和主体结构工程，为设计文件规定的该工程的合理使用年限；（2）屋面防水工程、有防水要求的卫生间、房间和外墙面的防渗漏，为5年；（3）供热与供冷系统，为2个采暖期、供冷期；（4）电气管线、给排水管道、设备安装和装修工程，为2年。

第8章　建设工程环境保护和历史文化遗产保护法律制度

8.1　建设工程环境保护制度

单项选择题

1.【参考答案】D

【学天解析】A错，建设单位在江河、湖泊新建、改建、扩建排污口的，应当取得水行政主管部门或者流域管理机构同意；涉及通航、渔业水域的，环境保护主管部门在审批环境影响评价文件时，应当征求交通、渔业主管部门的意见。B错，禁止在饮用水水源准保护区内新建、扩建对水体污染严重的建设项目，改建项目不得增加排放量。C错，因工程建设需要拆除、改动城镇排水与污水处理设施的，建设单位应当制定拆除、改动方案，报城镇排水主管部门审核，并承担重建、改建和采取临时措施的费用。

2.【参考答案】A

【学天解析】B错，建设工程开工前，建设单位应当查明工程建设范围内地下城镇排水与污水处理设施的相关情况。C错，因工程建设需要拆除、改动城镇排水与污水处理设施的，建设单位应当制订拆除、改动方案，报城镇排水主管部门审核，并承担重建、改建和采取临时措施的费用。D错，建设单位应当与施工单位、设施维护运营单位共同制订设施保护方案。

3.【参考答案】D

【学天解析】禁止在饮用水水源准保护区内新建、扩建对水体污染严重的建设项目。

4.【参考答案】B

【学天解析】A错，建设工程开工前，建设单位应当查明工程建设范围内地下城镇排水与污水处理设施的相关情况。C错，因工程建设需要拆除、改动城镇排水与污水处理设施的，建设单位应当制定拆除、改动方案，报城镇排水主管部门审核，并承担重建、改建和采取临时措施的费用。D错，建设单位应当与施工单位、设施维护运营单位共同制定设施保护方案。

5.【参考答案】B

【学天解析】A错，施工单位应当编制建筑垃圾处理方案，采取污染防治措施，并报县级以上地方人民政府环境卫生主管部门备案。C错，产生工业固体废物的单位应当取得排污许可证。D错，省级政府组织编制危险废物集中处理设施、场所的建设规划，应当征求公众意见。

6.【参考答案】C

【学天解析】A错，建设单位应当按照规定将噪声污染防治费用列入工程造价。B错，施工单位应当按照规定制订噪声污染防治实施方案。D错，建设单位应当监督施工单位落实噪声污染防治实施方案。

8.2 施工中历史文化遗产保护制度

单项选择题

1.【参考答案】B

【学天解析】在中华人民共和国境内，下列文物受国家保护：（1）具有历史、艺术、科学价值的古文化遗址、古墓葬、古建筑、石窟寺和石刻、壁画；（2）与重大历史事件、革命运动或者著名人物有关的以及具有重要纪念意义、教育意义或者史料价值的近代现代重要史迹、实物、代表性建筑，A错；（3）历史上各时代珍贵的艺术品、工艺美术品，C错；（4）历史上各时代重要的文献资料以及具有历史、艺术、科学价值的手稿和图书资料等；（5）反映历史上各时代、各民族社会制度、社会生产、社会生活的代表性实物，D错。

2.【参考答案】C

【学天解析】在中华人民共和国境内，下列文物受国家保护：（1）具有历史、艺术、科学价值的古文化遗址、古墓葬、古建筑、石窟寺和石刻、壁画，A错；（2）与重大历史事件、革命运动或者著名人物有关的以及具有重要纪念意义、教育意义或者史料价值的近代现代重要史迹、实物、代表性建筑，B错；（3）历史上各时代珍贵的艺术品、工艺美术品，D错；（4）历史上各时代重要的文献资料以及具有历史、艺术、科学价值的手稿和图书资料等；（5）反映历史上各时代、各民族社会制度、社会生产、社会生活的代表性实物。

3.【参考答案】B

【学天解析】在历史文化街区、名镇、名村核心保护范围内除新建、扩建必要的基础设施和公共服务设施外，不得进行新建、扩建活动。

4.【参考答案】C

【学天解析】具备下列条件的城市、镇、村庄，可以申报历史文化名城、名镇、名村：（1）保存文物特别丰富，A错；（2）历史建筑集中成片；（3）保留着传统格局和历史风貌；（4）历史上曾经作为政治、经济、文化、交通中心或者军事要地，或者发生过重要历史事件，或者其传统产业、历史上建设的重大工程对本地区的发展产生过重要影响，或者能够集中反映本地区建筑的文化特色、民族特色，B、D错。

5.【参考答案】C

【学天解析】《历史文化名城名镇名村保护条例》规定，在历史文化名城、名镇、名村保护范围内禁止进行下列活动：（1）开山、采石、开矿等破坏传统格局和历史风貌的活动；（2）占用保护规划确定保留的园林绿地、河湖水系、道路等；（3）修建生产、储存爆炸性、易燃性、放射性、毒害性、腐蚀性物品的工厂、仓库等；（4）在历史建筑上刻画、涂污。故A、B、D错。

第9章　建设工程劳动保障法律制度

9.1　劳动合同制度

一、单项选择题

1.【参考答案】C

【学天解析】用人单位与劳动者协商一致，可以订立无固定期限劳动合同。有下列情形之一，劳动者提出或者同意续订、订立劳动合同的，除劳动者提出订立固定期限劳动合同外，应当订立无固定期限劳动合同：（1）劳动者在该用人单位连续工作满10年的，A错；（2）用人单位初次实行劳动合同制度或者国有企业改制重新订立劳动合同时，劳动者在该用人单位连续工作满10年且距法定退休年龄不足10年的；（3）连续订立2次固定期限劳动合同，且劳动者没有《劳动合同法》第39条和第40条第1项、第2项规定的情形，续订劳动合同的，B、D错。

2.【参考答案】A

【学天解析】非全日制用工，是指以小时计酬为主，B错。劳动者在同一用人单位一般平均每日工作时间不超过4小时，每周工作时间累计不超过24小时的用工形式，C、D错。

3.【参考答案】D

【学天解析】用人单位自用工之日起即与劳动者建立劳动关系。

4.【参考答案】B

【学天解析】劳动者有下列情形之一的，用人单位可以解除劳动合同：（1）在试用期间被证明不符合录用条件的，B当选；（2）严重违反用人单位的规章制度的；（3）严重失职，营私舞弊，给用人单位造成重大损害的；（4）劳动者同时与其他用人单位建立劳动关系，对完成本单位的工作任务造成严重影响，或者经用人单位提出，拒不改正的；（5）因《劳动合同法》第26条第1款第1项规定的情形（以欺诈、胁迫的手段或者乘人之危，使对方在违背真实意思的情况下订立或者变更劳动合同的）致使劳动合同无效的；（6）被依法追究刑事责任的。

二、多项选择题

5.【参考答案】ADE

【学天解析】《劳动合同法》规定，劳动合同分为固定期限劳动合同、无固定期限劳动合同和以完成一定工作任务为期限的劳动合同。

6.【参考答案】ADE

【学天解析】有下列情形之一，劳动者提出或者同意续订、订立劳动合同的，除劳动者提出订立固定期限劳动合同外，应当订立无固定期限劳动合同：（1）劳动者在该用人单位连续工作满10年的；（2）用人单位初次实行劳动合同制度或者国有企业改制重新订立劳动合同时，劳动者在该用人单位连续工作满10年且距法定退休年龄不足10年的；（3）连续订立2次固定期限劳动合同，且劳动者没有《劳动合同法》第39条和第40条第1项、第2项规定的情形，续订劳动合同的。B、C选项不属于上述情形，故不当选。

7.【参考答案】BDE

【学天解析】劳动合同应当具备以下条款：（1）用人单位的名称、住所和法定代表人或者主要负责人；（2）劳动者的姓名、住址和居民身份证或者其他有效身份证件号码；（3）劳动合同期限；（4）工作内容和工作地点；（5）工作时间和休息休假；（6）劳动报酬；（7）社会保险；（8）劳动保护、劳动条件和职业危害防护；（9）法律、法规规定应当纳入劳动合同的其他事项。

9.2 劳动用工和工资支付保障

一、单项选择题

1.【参考答案】D

【学天解析】A错，最低工资的具体标准由省、自治区、直辖市人民政府规定，报国务院备案。B、C错，用人单位应支付给劳动者的工资在剔除下列各项以后，不得低于当地最低工资标准：（1）延长工作时间工资；（2）中班、夜班、高温、低温、井下、有毒有害等特殊工作环境、条件下的津贴；（3）法律、法规和国家规定的劳动者福利待遇等。

2.【参考答案】B

【学天解析】A错，由施工总承包单位在银行开立专门账户。C错，施工总承包单位在同一工资保证金管理地区有多个在建工程，存储比例可适当下浮但不得低于施工合同额的0.5%。D错，施工合同额低于300万元的工程，且该工程的施工总承包单位在签订施工合同前一年内承建的工程未发生工资拖欠的，各地区可结合行业保障农民工工资支付实际，免除该工程存储工资保证金。

二、多项选择题

3.【参考答案】ACD

【学天解析】B错，劳动者依法享受年休假、探亲假、婚假、丧假期间，用人单位应按劳动合同规定的标准支付劳动者工资。E错，用人单位依法安排劳动者在法定休假节日工作的，按照不低于劳动合同规定的劳动者本人日或小时工资标准的300%支付劳动者工资。

4.【参考答案】ABD

【学天解析】C错，用工单位不得将被派遣劳动者再派遣到其他用人单位。E错，劳务派遣单位不得向被派遣劳动者收取任何费用。

5.【参考答案】BCE

【学天解析】A错，劳务派遣由派遣单位和劳动者签订劳动合同。D错，被派遣劳动者在无工作期间，劳务派遣单位应当按照所在地人民政府规定的最低工资标准，向其按月支付报酬。

9.3 劳动安全卫生和保护

一、单项选择题

1.【参考答案】B

【学天解析】对于未成年工，用人单位应当定期安排健康检查，A错。不得安排女职工在哺乳未满1周岁的婴儿期间延长工作时间和夜班劳动，B正确。不得以女职工怀孕为由解除劳动合同，C错。对怀孕7个月以上的女职工，不得安排其延长工作时间和夜班劳动，D错。

2.【参考答案】B

【学天解析】A错，对怀孕7个月以上的女职工，用人单位不得延长劳动时间或者安排夜班劳动，并应当在劳动时间内安排一定的休息时间。C错，用人单位不得因女职工怀孕、生育、哺乳降低其工资、予以辞退、与其解除劳动或者聘用合同。D错，怀孕女职工在劳动时间内进行产前检查，所需时间计入劳动时间。

3.【参考答案】D

【学天解析】劳动者享有下列职业卫生保护权利：（1）获得职业卫生教育、培训，A错；（2）获得职业健康检查、职业病诊疗、康复等职业病防治服务；（3）了解工作场所产生或者可能产生的职业病危害因素、危害后果和应当采取的职业病防护措施；（4）要求用人单位提供符合防治职业病要求的职业病防护设施和个人使用的职业病防护用品，改善工作条件，B错；（5）对违反职业病防治法律、法规以及危及生命健康的行为提出批评、检举和控告；（6）拒绝违章指挥和强令进行没有职业病防护措施的作业；（7）参与用人单位职业卫生工作的民主管理，对职业病防治工作提出意见和建议。C错，属于用人单位应当采取的措施。

4.【参考答案】D

【学天解析】A错，用人单位工作场所存在职业病目录所列职业病的危害因素的，应当及时、如实向所在地安全生产监督管理部门申报危害项目，接受监督。B、C错，用人单位应当按照国务院安全生产监督管理部门的规定，定期对工作场所进行职业病危害因素检测、评价，其结果存入用人单位职业卫生档案，定期向所在地安全生产监督管理部门报告并向劳动者公布。

二、多项选择题

5.【参考答案】ABCE

【学天解析】不得安排未成年工从事矿山井下、有毒有害、国家规定的第4级体力劳动强度的劳动和其他禁忌从事的劳动。用人单位应对未成年工定期进行健康检查。

6.【参考答案】BC

【学天解析】A错，不得安排女职工在经期从事二级、三级和四级冷水作业。D错，15周岁为童工，不得招用。E错，17周岁为未成年工，不得安排矿山井下等工作。

9.4　工伤保险制度

单项选择题

1.【参考答案】D

【学天解析】A错，工伤保险是法定的强制性保险。B错，工伤保险是面向全体职工的保险。C错，施工单位应当依法为施工人员缴纳工伤保险费。

2.【参考答案】C

【学天解析】有下列情形之一的，不得认定为工伤或者视同工伤：（1）故意犯罪的；（2）醉酒或者吸毒的；（3）自残或者自杀的。

3.【参考答案】B

【学天解析】《建筑法》规定，建筑施工企业应当依法为职工参加工伤保险，缴纳工伤保险费。鼓励企业为从事危险作业的职工办理意外伤害保险，支付保险费。

4.【参考答案】A

【学天解析】职工有下列情形之一的，应当认定为工伤：（1）在工作时间和工作场所内，因工作原因受到事故伤害的；（2）工作时间前后在工作场所内，从事与工作有关的预备性或者收尾性工作受到事故伤害的；（3）在工作时间和工作场所内，因履行工作职责受到暴力等意外伤害的；（4）患职业病的；（5）因工外出期间，由于工作原因受到伤害或者发生事故下落不明的；（6）在上下班途中，受到非本人主要责任的交通事故或者城市轨道交通、客运轮渡、火车事故伤害的；（7）法律、行政法规规定应当认定为工伤的其他情形。B、C、D错，下列原因造成的，不得认定为工伤或者视同工伤：（1）故意犯罪的；（2）醉酒或者吸毒的；（3）自残或者自杀的。

9.5 劳动争议的解决

一、单项选择题

1.【参考答案】D

【学天解析】A错，解决劳动争议，应当根据事实，遵循合法、公正、及时、着重调解的原则，依法保护当事人的合法权益。B错，劳动争议调解程序的启动有两种方式：一是当事人申请；二是调解委员会主动调解。C错，企业劳动争议调解委员会由职工代表和企业代表组成。

2.【参考答案】D

【学天解析】A错，非必经程序，不得违背当事人意愿进行调解。B错，劳动争议调解程序的启动有两种方式：一是当事人申请；二是调解委员会主动调解。C错，调解委员会根据案件情况指定调解员或者调解小组进行调解。

3.【参考答案】C

【学天解析】A错，申请劳动争议调解可以书面申请也可以口头申请。B错，达成调解协议后，如果一方当事人在协议约定期限内不履行调解协议，一方当事人一般不能请求人民法院强制对方执行。D错，调解协议书由双方当事人签名或者盖章，经调解员签名并加盖调解委员会印章后生效。

二、多项选择题

4.【参考答案】ADE

【学天解析】下列纠纷不属于劳动争议范围：（1）劳动者请求社会保险经办机构发放社会保险金的纠纷，B不当选；（2）劳动者与用人单位因住房制度改革产生的公有住房转让纠纷，C不当选；（3）劳动者对劳动能力鉴定委员会的伤残等级鉴定结论或者对职业病诊断鉴定委员会的职业病诊断鉴定结论的异议纠纷；（4）家庭或者个人与家政服务人员之间的纠纷；（5）个体工匠与帮工、学徒之间的纠纷；（6）农村承包经营户与受雇人之间的纠纷。

5.【参考答案】AE

【学天解析】下列纠纷不属于劳动争议范围：（1）劳动者请求社会保险经办机构发放社会保险金的纠纷；（2）劳动者与用人单位因住房制度改革产生的公有住房转让纠

纷；（3）劳动者对劳动能力鉴定委员会的伤残等级鉴定结论或者对职业病诊断鉴定委员会的职业病诊断鉴定结论的异议纠纷；（4）家庭或者个人与家政服务人员之间的纠纷；（5）个体工匠与帮工、学徒之间的纠纷；（6）农村承包经营户与受雇人之间的纠纷。B、C、D不属于劳动争议范围。

第10章　建设工程争议解决法律制度

10.1　建设工程争议和解、调解制度

单项选择题

1.【参考答案】A

【学天解析】调解书经双方当事人签收后即与裁决书具有同等法律效力，B错。在调解书签收前当事人反悔的，仲裁庭应当及时作出裁决，D错。仲裁庭应当制作调解书或者根据协议的结果制作裁决书，C错。

2.【参考答案】D

【学天解析】经人民调解委员会调解达成调解协议的，可以制作调解协议书。当事人认为无须制作调解协议的，可以采取口头协议的方式，人民调解员应当记录协议内容，A错。经人民调解委员会调解达成的调解协议对当事人双方具有法律约束力，不是强制力，B、C错。

3.【参考答案】B

【学天解析】法院调解书经双方当事人签收后，即具有法律效力，效力与判决书相同，A错。调解达成协议，人民法院应当制作调解书。但是，下列案件调解达成协议，人民法院可以不制作调解书：（1）调解和好的离婚案件；（2）调解维持收养关系的案件；（3）能够即时履行的案件；（4）其他不需要制作调解书的案件，C错。调解达成协议，必须双方自愿，不得强迫，D错。

10.2　仲裁制度

一、单项选择题

1.【参考答案】A

【学天解析】B错，有效的仲裁协议排除了人民法院对仲裁协议约定的争议事项的司法管辖权。C错，当事人申请仲裁需要仲裁协议有效仲裁委员会才能受理，并提交仲裁协议或者仲裁申请书、合同仲裁条款。D错，仲裁实行一裁终局，当事人不得就已经

裁决的事项提起诉讼。

2.【参考答案】B

【学天解析】当事人对仲裁协议效力有异议的，应当在仲裁庭首次开庭前提出，A错。仲裁机构对仲裁协议的效力作出决定后，当事人向人民法院申请确认仲裁协议效力或者申请撤销仲裁机构的决定的，人民法院不予受理。C错。当事人向人民法院申请确认仲裁协议效力的案件，由仲裁协议约定的仲裁机构所在地、仲裁协议签订地、申请人住所地、被申请人住所地的中级人民法院或者专门人民法院管辖，D错。

3.【参考答案】C

【学天解析】仲裁协议的内容：（1）请求仲裁的意思表示；（2）仲裁事项；（3）选定的仲裁委员会。三项同时具备，仲裁协议才能有效。故C正确。

二、多项选择题

4.【参考答案】ACE

【学天解析】B错，被申请人未提交答辩书的，不影响仲裁程序的进行。D错，仲裁委员会收到仲裁申请书之日起5日内，认为符合受理条件的，应当受理，并通知当事人；认为不符合受理条件的，应当书面通知当事人不予受理，并说明理由。

10.3 民事诉讼制度

一、单项选择题

1.【参考答案】A

【学天解析】移送管辖可能在上下级法院之间或者在同级法院之间发生，B错。管辖权转移不同于移送管辖，D错。受移送的人民法院认为受移送的案件依照规定不属于本院管辖的，应当报请上级人民法院指定管辖，不得再自行移送，C错。

2.【参考答案】B

【学天解析】管辖权异议是指当事人向受诉人民法院提出的该法院对案件无管辖权的主张。《民事诉讼法》规定，人民法院受理案件后，当事人对管辖权有异议的，应当在提交答辩状期间提出，A错。人民法院对当事人提出的异议，应当审查。异议成立的，裁定将案件移交有管辖权的人民法院，C错。对人民法院就级别管辖异议作出的裁定，当事人不服提起上诉的，第二审人民法院应当依法审理并作出裁定，D错。

3.【参考答案】A

【学天解析】两个以上人民法院都有管辖权的案件，原告可以选择其中一个人民法院提起诉讼。原告向两个以上有管辖权的人民法院提起诉讼的，由最先立案的人民法院管辖，B错。有管辖权的人民法院由于特殊原因，不能行使管辖权的，由上级人民法院指定管辖，C错。人民法院之间因管辖权发生争议，由争议双方协商解决；协商解决不了的，报请其共同上级人民法院指定管辖，D错。

4.【参考答案】B

【学天解析】A错，广义的民事诉讼当事人包括原告、被告、共同诉讼人和第三人。C、D错，对当事人双方的诉讼标的，第三人认为有独立请求权的，有权提起诉讼。对当事人双方的诉讼标的，第三人虽然没有独立请求权，但案件处理结果同他有法律上的利害关系的，可以申请参加诉讼，或者由人民法院通知他参加诉讼。

二、多项选择题

5.【参考答案】ACDE

【学天解析】合同的当事人可以在书面合同中协议选择被告住所地、合同履行地、合同签订地、原告住所地、标的物所在地人民法院管辖，但不得违反《民事诉讼法》对级别管辖和专属管辖的规定。故A、C、D、E正确。

6.【参考答案】AB

【学天解析】不能单独作为认定案件事实根据的证据：（1）当事人的陈述；（2）无民事行为能力人或者限制民事行为能力人所作的与其年龄、智力状况或者精神健康状况不相当的证言；（3）与一方当事人或者其代理人有利害关系的证人陈述的证言，C不当选；（4）存有疑点的视听资料、电子数据；（5）无法与原件、原物核对的复制件、复制品，D不当选。E不得作为认定案件事实根据的证据。

10.4　行政复议制度

单项选择题

1.【参考答案】A

【学天解析】对于决定撤销或者确认该具体行政行为违法的，行政复议机关可以责令被申请人在一定期限内重新作出具体行政行为，B错。行政复议决定作出前，申请人要求撤回行政复议申请的，经说明理由，可以撤回；撤回行政复议申请的，行政复议终止，C错。申请人在申请行政复议时可以一并提出行政赔偿请求，D错。

2.【参考答案】B

【学天解析】A错，有权申请行政复议的公民死亡的，其近亲属可以申请行政复议。C错，作出行政行为的行政机关被撤销或者职权变更的，继续行使其职权的行政机关是被申请人。D错，申请人申请行政复议，可以书面申请；书面申请有困难的，也可以口头申请。

3.【参考答案】C

【学天解析】A错，行政复议的任务是解决行政争议，而不是解决民事或其他争议。B错，国防外交等国家行为不属于行政复议范围。D错，除法律规定的复议终局情形外，行政复议后还可以向人民法院提起诉讼。

4.【参考答案】A

【学天解析】下列事项应按规定的纠纷处理方式解决，不能提起行政复议：（1）不服行政机关作出的行政处分或者其他人事处理决定的，应当依照有关法律、行政法规的规定提起申诉，A当选；（2）不服行政机关对民事纠纷作出的调解或者其他处理的，应当依法申请仲裁或者向法院提起诉讼。

10.5 行政诉讼制度

单项选择题

1.【参考答案】A

【学天解析】B错，人民法院公开审理行政案件，但涉及国家秘密、个人隐私和法律另有规定的除外；涉及商业秘密的案件，当事人申请不公开审理的，可以不公开审理。C错，当事人对停止执行或者不停止执行的裁定不服的，可以申请复议一次。D错，行政赔偿、补偿以及行政机关行使 法律、法规规定的自由裁量权的案件可以调解。

2.【参考答案】C

【学天解析】下列行为不属于人民法院行政诉讼的受案范围：（1）公安、国家安全等机关依照刑事诉讼法的明确授权实施的行为；（2）调解行为以及法律规定的仲裁行为；（3）行政指导行为；（4）驳回当事人对行政行为提起申诉的重复处理行为；（5）行政机关作出的不产生外部法律效力的行为；（6）行政机关为作出行政行为而实施的准备、论证、研究、层报、咨询等过程性行为；（7）行政机关根据人民法院的生效裁判、协助执行通知书作出的执行行为，但行政机关扩大执行范围或采取违法方式实施的除外；（8）上级行政机关基于内部层级监督关系对下级行政机关作出的听取报告、执法检查、督促履责等行为；（9）行政机关针对信访事项作出的登记、受理、交办、转送、复查、复核意见等行为；（10）对公民、法人或者其他组织权利义务不产生实际影响的行为。

3.【参考答案】A

【学天解析】行政诉讼被告是指原告指控其行政行为违法，侵犯原告合法权益，并经人民法院通知应诉的具有国家行政职权的机关和组织。B、D错，当事人对高等学校等事业单位以及律师协会、注册会计师协会等行业协会依据法律、法规、规章的授权实施的行政行为不服提起诉讼的，以该事业单位、行业协会为被告。C错，当事人对村民委员会或者居民委员会依据法律、法规、规章的授权履行行政管理职责的行为不服提起诉讼的，以村民委员会或者居民委员会为被告。

4.【参考答案】D

【学天解析】人民法院审理行政案件，不适用调解。但是，行政赔偿、补偿以及行政机关行使法律、法规规定的自由裁量权的案件可以调解。

巩固提升

通关必做卷一（基础阶段测试）

一、单项选择题

1.【参考答案】D

【学天解析】A错，在我国，习惯法、宗教法、判例不是法的形式。B错，法律的效力仅次于宪法，高于行政法规。C错，地方性法规与部门规章之间对同一事项的规定不一致，由国务院提出意见，国务院认为应当适用地方性法规的，适用地方性法规；认为应当适用部门规章的，应当提请全国人民代表大会常务委员会裁决。

2.【参考答案】D

【学天解析】根据授权制定的法规与法律冲突，由全国人大常委会裁决。

3.【参考答案】A

【学天解析】B错，建设用地使用权自办理物权登记时设立。C错，设立居住权的，应当向登记机构申请居住权登记。居住权自登记时设立。D错，机动车所有权自交付时发生物权效力。

4.【参考答案】B

【学天解析】A错，流转方式包括转让、互换、出资、赠与或者抵押。C错，应当由当事人书面约定，不得超过剩余使用期限。D错，随之一并处分。

5.【参考答案】D

【学天解析】A、B、C属于著作权法保护对象。

6.【参考答案】C

【学天解析】附加刑的种类如下：（1）罚金；（2）剥夺政治权利；（3）没收财产；（4）驱逐出境。

7.【参考答案】C

【学天解析】A错，民事法律行为的委托代理，可以用书面形式，也可以用口头形式。B错，委托代理授权不明的，代理人与被代理人应当承担连带责任。D错，代理人知道代理事项违法仍然实施代理行为的，应当和被代理人承担连带责任。

8.【参考答案】A

【学天解析】B错，证书有效期内注册资本发生变更的，需要办理资质变更手续。C错，企业应当向企业工商注册所在地省、自治区、直辖市人民政府住房城乡建设主管部门提出变更申请。D错，应当重新核定资质等级。

9.【参考答案】D

【学天解析】申请变更注册的，应当提交下列材料：（1）注册建造师变更注册申请表；（2）注册证书和执业印章；（3）申请人与新聘用单位签订的聘用合同复印件或有效证明文件；（4）工作调动证明（与原聘用单位解除聘用合同或聘用合同到期的证明文件、退休人员的退休证明）。

10.【参考答案】C

【学天解析】A错，因修改城乡规划给被许可人合法权益造成损失的，应当依法给予补偿。B错，建设向城市、县人民政府规划主管部门提出规划变更申请。D错，地方各级人民政府应当向本级人民代表大会常务委员会或者乡、镇人民代表大会报告城乡规划的实施情况，并接受监督。

11.【参考答案】A

【学天解析】在建工程中止施工，建设单位应当在1个月内向发证机关报告，并做好维护管理工作。

12.【参考答案】A

【学天解析】B错，建设单位可以采用招标方式或者直接发包方式选择工程总承包单位。C、D错，工程总承包单位可以是具有相应工程设计资质的设计单位和施工资质的施工单位组成的联合体。

13.【参考答案】D

【学天解析】存在下列情形之一的，属于违法分包：（1）承包单位将其承包的工程分包给个人的；（2）施工总承包单位或专业承包单位将工程分包给不具备相应资质单位的；（3）施工总承包单位将施工总承包合同范围内工程主体结构的施工分包给其他单位的，钢结构工程除外；（4）专业分包单位将其承包的专业工程中非劳务作业部分再分包的；（5）专业作业承包人将其承包的劳务再分包的；（6）专业作业承包人除计取劳务作业费用外，还计取主要建筑材料款和大中型施工机械设备、主要周转材料费用的，D当选。

14.【参考答案】B

【学天解析】必须招标：（1）施工单项合同估算价在400万元以上；（2）重要设备、材料等货物的采购，单项合同估算价在200万元以上，B当选；（3）勘察、设计、监理等服务的采购，单项合同估算价在100万元以上。

15.【参考答案】C

【学天解析】招标人有下列行为之一的，属于以不合理条件限制、排斥潜在投标人或者投标人：（1）就同一招标项目向潜在投标人或者投标人提供有差别的项目信息；（2）设定的资格、技术、商务条件与招标项目的具体特点和实际需要不相适应或者与合同履行无关；（3）依法必须进行招标的项目以特定行政区域或者特定行业的业绩和奖项作为加分条件或者中标条件；（4）对潜在投标人或者投标人采取不同的资格审查或者评标标准；（5）限定或者指定特定的专利、商标、品牌、原产地或者供应商，C当选；（6）依法必须进行招标的项目非法限定潜在投标人或者投标人的所有制形式或者组织形式；（7）以其他不合理条件限制、排斥潜在投标人或者投标人。

16.【参考答案】D

【学天解析】开标之日、提交投标文件截止之日、投标有效期起算之日为同一天，A错。开标由招标人主持，B错。开标时，由投标人或者其推选的代表检查投标文件的密封情况，也可以由招标人委托的公证机构检查并公证，C错。

17.【参考答案】A

【学天解析】B错，招标人不得要求投标人必须组成联合体共同投标。C错，联合体各方按照联合体协议就中标项目共同向招标人承担责任。D错，联合体各方不得在同一招标项目中以自己名义再进行单独投标。

18.【参考答案】B

【学天解析】招标人发售资格预审文件、招标文件收取的费用应当限于补偿印刷、邮寄的成本支出，不得以营利为目的。

19.【参考答案】B

【学天解析】A错，招标人和中标人应当自中标通知书发出之日起30日内订立书面合同。合同的标的、价款、质量、履行期限等主要条款应当与招标文件和中标人的投标文件的内容一致。C错，招标人和中标人不得再行订立背离合同实质性内容的其他协议。D错，中标人不得向他人转让中标项目。

20.【参考答案】C

【学天解析】投标保证金不得超过招标项目估算价的2%，A错。招标人不得挪用投标保证金，B错。实行两阶段招标的，招标人要求投标人提交投标保证金的，应当在第二阶段提出；投标保证金有效期应当与投标有效期一致，D错。

21.【参考答案】C

【学天解析】有下列情形之一的，撤销权消灭：（1）当事人自知道或者应当知道撤销事由之日起1年内、重大误解的当事人自知道或者应当知道撤销事由之日起90日内没有行使撤销权；（2）当事人受胁迫，自胁迫行为终止之日起1年内没有行使撤销权，

C当选；（3）当事人知道撤销事由后明确表示或者以自己的行为表明放弃撤销权；（4）当事人自民事法律行为发生之日起5年内没有行使撤销权的，撤销权消灭。

22.【参考答案】D

【学天解析】A错，无效的或者被撤销的民事法律行为自始没有法律约束力。B错，合同无效不影响合同中有关解决争议方法的条款的效力。C错，合同无效行为人因该行为取得的财产，应当予以返还。

23.【参考答案】B

【学天解析】债权人转让权利的，应通知债务人。未经通知，该转让对债务人不发生效力。当债务人接到权利转让的通知后，权利转让即行生效，原债权人被新的债权人替代，或者新债权人的加入使原债权人不再完全享有原债权。A错，协议签字生效，9月15日生效。C错，丙公司自9月25日起才可向乙公司主张债权。D错，甲公司转让债权生效后，乙公司需承担债务。

24.【参考答案】C

【学天解析】当事人协商一致，可以变更合同。当事人对合同变更的内容约定不明确的，推定为未变更。

25.【参考答案】C

【学天解析】承包人应当在合理期限内行使建设工程价款优先受偿权，自发包人应当给付建设工程价款之日起算，C正确。

26.【参考答案】C

【学天解析】A错，对垫资有约定按照约定处理。B错，政府投资的项目不得约定垫资。D错，对垫资利息没有约定，承包人请求支付利息的，人民法院不予支持。

27.【参考答案】D

【学天解析】建设工程施工合同具有下列情形之一的，应当认定无效：（1）承包人未取得建筑业企业资质或者超越资质等级的；（2）没有资质的实际施工人借用有资质的建筑施工企业名义的；（3）建设工程必须进行招标而未招标或者中标无效的，D正确。

28.【参考答案】D

【学天解析】买卖合同是转移财产所有权、有偿、双务、诺成合同。

29.【参考答案】C

【学天解析】自然人之间的借款合同，自贷款人提供借款时成立。

30.【参考答案】A

【学天解析】B错，保证合同是无偿合同。C错，保证合同的双方当事人是保证人与债权人。D错，保证的方式有两种：（1）一般保证；（2）连带责任保证。

31.【参考答案】B

【学天解析】租赁合同可以约定租赁期限，但租赁期限不得超过20年。超过20年的，超过部分无效。

32.【参考答案】B

【学天解析】A错，除当事人另有约定外，承揽人应当以自己的设备、技术和劳力完成主要工作。C错，承揽人工作具有独立性。D错，定作人享有法定任意解除权。

33.【参考答案】C

【学天解析】承运人证明货物的毁损、灭失是因不可抗力、货物本身的自然性质或者合理损耗以及托运人、收货人的过错造成的，不承担赔偿责任。

34.【参考答案】D

【学天解析】A错，属于建设单位的安全责任。B、C错，属于监理单位的安全责任。

35.【参考答案】C

【学天解析】A、D错，属于施工单位的安全责任，B错，属于设计单位的安全责任。

36.【参考答案】B

【学天解析】建筑施工企业从事建筑施工活动前，应当依照本规定向企业注册所在地省、自治区、直辖市人民政府住房城乡建设主管部门申请领取安全生产许可证。

37.【参考答案】B

【学天解析】建筑施工企业取得安全生产许可证，应当具备下列安全生产条件：主要负责人、项目负责人、专职安全生产管理人员经建设主管部门或者其他有关部门考核合格，B选项正确。

38.【参考答案】D

【学天解析】建筑施工企业负责人是指企业的法定代表人、总经理、主管质量安全和生产工作的副总经理、总工程师和副总工程师，A错。施工企业负责人要定期带班检查，每月检查时间不少于其工作日的25%，B错。有分公司的企业集团负责人因故不能到现场的，可书面委托工程所在地的分公司负责人对施工现场进行带班检查，C错。

39.【参考答案】C

【学天解析】A错，施工单位应当在危大工程施工前组织工程技术人员编制专项施工方案。B错，由总监理工程师审查签字、加盖执业印章。D错，施工单位应当严格按照专项施工方案组织施工，不得擅自修改专项施工方案。

40.【参考答案】C

【学天解析】施工单位应当在危险性较大的分部分项工程施工前编制专项方案；对于超过一定规模的危大工程，施工单位应当组织专家对专项方案进行论证。

41.【参考答案】C

【学天解析】事故一般分为以下等级：（1）特别重大事故，是指造成30人以上死亡，或者100人以上重伤（包括急性工业中毒，下同），或者1亿元以上直接经济损失的事故；（2）重大事故，是指造成10人以上30人以下死亡，或者50人以上100人以下重伤，或者5000万元以上1亿元以下直接经济损失的事故；（3）较大事故，是指造成3人以上10人以下死亡，或者10人以上50人以下重伤，或者1000万元以上5000万元以下直接经济损失的事故；（4）一般事故，是指造成3人以下死亡，或者10人以下重伤，或者1000万元以下直接经济损失的事故。

42.【参考答案】C

【学天解析】A错，工程项目完工办理竣工验收前，建设单位应当向监督机构申请办理终止施工安全监督手续。B错，监督机构收到建设单位提交的资料后，经查验符合要求的，在5个工作日内向建设单位发放《终止施工安全监督告知书》。D错，工程项目施工安全监督档案保存期限3年，自归档之日起计算。

43.【参考答案】A

【学天解析】B错，国家支持在重要行业、战略性新兴产业、关键共性技术等领域利用自主创新技术制定团体标准、企业标准。C错，制定团体标准的一般程序包括：提案、立项、起草、征求意见、技术审查、批准、编号、发布、复审。D错，无此说法。

44.【参考答案】A

【学天解析】B错，成片开发的住宅小区需要实行监理。C错，监理单位与建设单位应当签订书面监理合同。D错，建设单位可以委托具备监理资质的设计单位进行监理。

45.【参考答案】B

【学天解析】A错，设计单位当就审查合格的施工图设计文件向施工企业进行技术交底。C错，开工之前，建设单位应当办理工程质量监督手续。D错，施工单位应当对其采购的材料、设备进行使用前的检验和试验。

46.【参考答案】A

【学天解析】不属于必须实行见证取样和送检的试块、试件和材料，B错。标识和封志由见证人员和取样人员签字，C错。见证人员是建设单位或监理单位的人，D错。

47.【参考答案】B

【学天解析】建设工程竣工验收应当具备下列条件：（1）完成建设工程设计和合同约定的各项内容；（2）有完整的技术档案和施工管理资料；（3）有工程使用的主要建筑材料、建筑构配件和设备的进场试验报告；（4）有勘察、设计、施工、工程监理等单位分别签署的质量合格文件；（5）有施工单位签署的工程保修书，B正确。

48.【参考答案】B

【学天解析】根据《城市建设档案管理规定》，建设单位应当在工程竣工验收后3个月内，向城建档案馆报送一套符合规定的建设工程档案，B正确。

49.【参考答案】D

【学天解析】建设工程未经竣工验收，发包人擅自使用后，又以使用部分质量不符合约定为由主张权利的，不予支持；但是承包人应当在建设工程的合理使用寿命内对地基基础工程和主体结构质量承担民事责任。

50.【参考答案】A

【学天解析】B错，发包人应按照合同约定方式预留保证金，保证金总预留比例不得高于工程价款结算总额的3%。C错，国家推行银行保函制度。D错，在工程项目竣工前，已经缴纳履约保证金的，发包人不得同时预留工程质量保证金。采用工程质量保证担保、工程质量保险等其他保证方式的，发包人不得再预留保证金。

51.【参考答案】B

【学天解析】暂时不能开工的建设用地，建设单位应当对裸露地面进行覆盖；超过3个月的，应当进行绿化、铺装或者遮盖，B正确。

52.【参考答案】C

【学天解析】在历史文化名城、名镇、名村保护范围内进行下列活动，应当保护其传统格局、历史风貌和历史建筑；制订保护方案，经城市、县人民政府城乡规划主管部门会同同级文物主管部门批准，并依照有关法律、法规的规定办理相关手续：（1）改变园林绿地、河湖水系等自然状态的活动；（2）在核心保护范围内进行影视拍摄、举办大型群众性活动……

53.【参考答案】A

【学天解析】B错，评标委员会由招标人的代表和有关技术、经济方面的专家组成。C错，评标委员会成员不得向招标人征询确定中标人的意向。D错，评标委员会不得暗示或者诱导投标人作出澄清、说明，不得接受投标人主动提出的澄清、说明。

54.【参考答案】C

【学天解析】劳动合同期限 3 个月以上不满 1 年的，试用期不得超过 1 个月；劳动合同期限 1 年以上不满 3 年的，试用期不得超过 2 个月； 3 年以上固定期限和无固定期限的劳动合同，试用期不得超过 6 个月。故2年期限的劳动合同，试用期不得超过 2 个月，C正确。

55.【参考答案】B

【学天解析】劳动者有下列情形之一的，用人单位可以解除劳动合同：（1）在试用期间被证明不符合录用条件的；（2）严重违反用人单位的规章制度的；（3）严重失职，营私舞弊，给用人单位造成重大损害的；（4）劳动者同时与其他用人单位建立劳动关系，对完成本单位的工作任务造成严重影响，或者经用人单位提出，拒不改正的；（5）因《劳动合同法》第26条第1款第1规定的情形致使劳动合同无效的；（6）被依法追究刑事责任的，B正确。

56.【参考答案】D

【学天解析】A错，劳务派遣单位与接受劳务派遣单位（实际用工单位）订立劳务派遣协议。B错，劳务派遣单位与劳动者订立劳动合同。C错，由派遣单位向劳动者支付工资、福利及社会保险费用。

57.【参考答案】D

【学天解析】职工有下列情形之一的，应当认定为工伤：（1）在工作时间和工作场所内，因工作原因受到事故伤害的；（2）工作时间前后在工作场所内，从事与工作有关的预备性或者收尾性工作受到事故伤害的；（3）在工作时间和工作场所内，因履行工作职责受到暴力等意外伤害的；（4）患职业病的；（5）因工外出期间，由于工作原因受到伤害或者发生事故下落不明的；（6）在上下班途中，受到非本人负主要责任的交通事故或者城市轨道交通、客运轮渡、火车事故伤害的；（7）法律、行政法规规定应当认定为工伤的其他情形。

58.【参考答案】C

【学天解析】和解在性质上属于当事人之间的约定，如果一方当事人不按照和解协议执行，另一方当事人可要求对方承担违约责任，A 错。当事人可以就财产、人身利益的事项达成和解，B错。和解达成的协议不具有强制执行力，如果一方当事人不履行，另一方当事人不可以请求人民法院强制执行，但可以向法院提起诉讼，也可以根据约定申请仲裁，D错。

59.【参考答案】A

【学天解析】B错，有效的仲裁协议排除了人民法院对仲裁协议约定的争议事项的司法管辖权。C错，当事人申请仲裁需要仲裁协议有效仲裁委员会才能受理，并提交仲裁协议或者仲裁申请书、合同仲裁条款。D错，仲裁实行一裁终局，当事人不得就已经裁决的事项提起诉讼。

60.【参考答案】B

【学天解析】A、C、D不属于行政诉讼的受案范围。下列行为不属于人民法院行政诉讼的受案范围：（1）公安、国家安全等机关依照刑事诉讼法的明确授权实施的行为；（2）调解行为以及法律规定的仲裁行为；（3）行政指导行为；（4）驳回当事人对行政行为提起申诉的重复处理行为；（5）行政机关作出的不产生外部法律效力的行为；（6）行政机关为作出行政行为而实施的准备、论证、研究、层报、咨询等过程性行为；（7）行政机关根据人民法院的生效裁判、协助执行通知书作出的执行行为，但行政机关扩大执行范围或采取违法方式实施的除外；（8）上级行政机关基于内部层级监督关系对下级行政机关作出的听取报告、执法检查、督促履责等行为；（9）行政机关针对信访事项作出的登记、受理、交办、转送、复查、复核意见等行为；（10）对公民、法人或者其他组织权利义务不产生实际影响的行为。

二、多项选择题

61.【参考答案】ABC

【学天解析】物权包括所有权、用益物权和担保物权，故A、B、C正确。

62.【参考答案】ABCD

【学天解析】下列财产不得抵押：（1）土地所有权；（2）宅基地、自留地、自留山等集体所有土地的使用权，但是法律规定可以抵押的除外；（3）学校、幼儿园、医疗机构等为公益目的成立的非营利法人的教育设施、医疗卫生设施和其他公益设施；（4）所有权、使用权不明或者有争议的财产；（5）依法被查封、扣押、监管的财产；（6）法律、行政法规规定不得抵押的其他财产。故A、B、C、D正确。

63.【参考答案】BCDE

【学天解析】因产品缺陷造成他人损害的，被侵权人可以向产品的生产者请求赔偿，也可以向产品的销售者请求赔偿。

64.【参考答案】ABC

【学天解析】D错，对从事应税交易的所有单位和个人，在货物、服务、无形资产、不动产和金融商品增值的各个流通环节向纳税人普遍征收。E错，增值税的纳税人分为一般纳税人和小规模纳税人，小规模纳税人的适用税率为3%，国务院另有规定的除外。

65.【参考答案】BCDE

【学天解析】行政强制执行由法律设定，故B、C、D、E正确。

66.【参考答案】ABE

【学天解析】建设单位、设计单位、施工单位、工程监理单位违反国家规定，降低工程质量标准，造成重大安全事故的，对直接责任人员处5年以下有期徒刑或者拘役，并处罚金；后果特别严重的，处5年以上10年以下有期徒刑，并处罚金。C错，犯罪主体包括建设单位、设计单位、施工单位、工程监理单位，无勘察单位。D错，法定最高刑为10年。

67.【参考答案】ABE

【学天解析】C、D选项属于承揽业务不良。

68.【参考答案】BDE

【学天解析】A错，联合体各方在同一招标项目中以自己名义单独投标或者参加其他联合体投标的，相关投标均无效。C错，招标人不得强制投标人组成联合体共同投标。

69.【参考答案】ABC

【学天解析】有下列情形之一的，视为投标人相互串通投标：（1）不同投标人的投标文件由同一单位或者个人编制；（2）不同投标人委托同一单位或者个人办理投标事宜；（3）不同投标人的投标文件载明的项目管理成员为同一人；（4）不同投标人的投标文件异常一致或者投标报价呈规律性差异；（5）不同投标人的投标文件相互混装；（6）不同投标人的投标保证金从同一单位或者个人的账户转出。故A、B、C正确。

70.【参考答案】ADE

【学天解析】B、C选项属于合法行为。

71.【参考答案】ACD

【学天解析】B错，最高限制单价是供应商第一阶段响应报价的最高限价。E错，集中采购机构或者主管预算单位应当在征集公告和征集文件中确定框架协议采购的最高限制单价。

72.【参考答案】ACDE

【学天解析】《民法典》规定，具备下列条件的民事法律行为有效：（1）行为人具有相应的民事行为能力；（2）意思表示真实；（3）不违反法律、行政法规的强制性规定，不违背公序良俗。故A、C、D、E正确。

73.【参考答案】AB

【学天解析】承包人建设工程价款优先受偿的范围依照国务院有关行政主管部门关于建设工程价款范围的规定确定。承包人就逾期支付建设工程价款的利息、违约金、损害赔偿金等主张优先受偿的，人民法院不予支持，故A、B正确。

74.【参考答案】ABDE

【学天解析】标的物在交付之前产生的孳息，归出卖人所有，交付之后产生的孳息，归买受人所有。试用期间届满，买受人对是否购买标的物未作表示的，视为购买。C错，因标的物的主物不符合约定而解除合同的，解除合同的效力及于从物。

75.【参考答案】BDE

【学天解析】施工单位必须按照工程设计要求、施工技术标准和合同约定，对建筑材料、建筑构（配）件、设备和商品混凝土进行检验，检验应当有书面记录和专人签字；未经检验或者检验不合格的，不得使用，故B、D、E正确。

76.【参考答案】ACDE

【学天解析】B错，屋面防水工程、有防水要求的卫生间、房间和外墙面的防渗漏，保修期为5年。

77.【参考答案】ABCE

【学天解析】法律规定，禁止用人单位招用未满16周岁的未成年人，D错。

78.【参考答案】ABCE

【学天解析】合同或者其他财产权益纠纷的当事人可以书面协议选择被告住所地、合同履行地、合同签订地、原告住所地、标的物所在地等与争议有实际联系的地点的人民法院管辖，但不得违反《民事诉讼法》对级别管辖和专属管辖的规定，故A、B、C、E正确。

79.【参考答案】BCDE

【学天解析】起诉必须符合下列条件：（1）原告是与本案有直接利害关系的公民、法人和其他组织；（2）有明确的被告；（3）有具体的诉讼请求和事实、理由；④属于人民法院受理民事诉讼的范围和受诉人民法院管辖。故B、C、D、E正确。

80.【参考答案】BE

【学天解析】A错，可以向作出机关的本级人民政府或者上一级主管部门申请复议。C错，除法律、行政法规另有规定之外，对行政复议决定不服的，可以再向法院提起行政诉讼。D错，行政复议原则上书面审理。

通关必做卷二（进阶阶段测试）

一、单项选择题

1.【参考答案】B

【学天解析】A错，《招标投标法》属于民商法。C错，《无障碍环境建设法》属于社会法。D错，《城市房地产管理法》属于行政法。

2.【参考答案】B

【学天解析】A错，法定代表人为自然人，不是法人。C错，因过错履行职务行为损害他人利益，由法人承担责任。D错，公司章程对法定代表人权利的限制，不得对抗善意第三人，可以追偿。

3.【参考答案】B

【学天解析】转代理经被代理人同意或者追认的，被代理人可以就代理事务直接指示转委托的第三人，代理人仅就第三人的选任以及对第三人的指示承担责任。

4.【参考答案】D

【学天解析】A错，可以在土地的地表、地上或者地下分别设立。B错，设立建设用地使用权，可以采取出让或者划拨等方式。C错，工业、商业、旅游、娱乐和商品住宅等经营性用地以及同一土地有两个以上意向用地者的，应当采取招标、拍卖等公开竞价的方式出让。

5.【参考答案】D

【学天解析】下列项目免征增值税：（1）农业生产者销售的自产农产品；（2）避孕药品和用具；（3）古旧图书；（4）直接用于科学研究、科学试验和教学的进口仪器、设备；（5）外国政府、国际组织无偿援助的进口物资和设备；（6）由残疾人组织直接进口供残疾人专用的物品；（7）销售的自己使用过的物品。

6.【参考答案】D

【学天解析】居住权是用益物权的一种，A错。居住权不得转让、继承，B错。居住权自登记时设立，C错。

7.【参考答案】D

【学天解析】商标专用权的内容只包括财产权，商标设计者的人身权受著作权法保护，A错。商标专用权的保护对象是经过国家商标管理机关核准注册的商标，未经核准注册的商标不受商标法保护，B错。注册商标的有效期为10年，自核准注册之日起计算，C错。

8.【参考答案】C

【学天解析】A错，抵押权的设立不转移抵押物的占有。B错，土地所有权不得抵押。D错，抵押权不得与债权分离而单独转让或者作为其他债权的担保。

9.【参考答案】D

【学天解析】定金合同自实际交付定金时成立，A错。当事人既约定违约金，又约定定金的，一方违约时，对方可以选择适用违约金条款或者定金条款，B错。实际交付的定金数额多于或者少于约定数额的，视为变更约定的定金数额，C错。

10.【参考答案】D

【学天解析】A错，尚未制定法律、行政法规，且属于地方性事务的，地方性法规可以设定查封场所、设施或者财物，以及扣押财物的行政强制措施，不能冻结。B错，查封等行为属于行政强制措施。C错，排除妨碍、恢复原状属于行政强制执行。

11.【参考答案】D

【学天解析】刑罚分为主刑和附加刑。主刑包括：（1）管制；（2）拘役；（3）有期徒刑；（4）无期徒刑；（5）死刑。附加刑包括：（1）罚金；（2）剥夺政治权利；（3）没收财产；（4）驱逐出境。

12.【参考答案】A

【学天解析】B、C属于无须申请领取施工许可证的情形。D错，开工报告与施工许可证不能重复办理。

13.【参考答案】D

【学天解析】A错，自领取施工许可证之日起3个月内因故不能按时开工的，应当申请延期；B错，延期以2次为限。C错，既不开工又不申请延期的，施工许可证自行废止。

14.【参考答案】B

【学天解析】有下列情形之一的，资质许可机关应当依法注销建筑业企业资质，并向社会公布其建筑业企业资质证书作废，企业应当及时将建筑业企业资质证书交回资质许可机关：（1）资质证书有效期届满，未依法申请延续的；（2）企业依法终止的；（3）资质证书依法被撤回、撤销或吊销的；（4）企业提出注销申请的；（5）法律、法规规定的应当注销建筑业企业资质的其他情形。

15.【参考答案】B

【学天解析】A错，延续注册申请应当在注册有效期满前30日内提出。C错，延续注册需提交材料：（1）注册建造师延续注册申请表；（2）原注册证书；（3）申请人与聘用单位签订的聘用劳动合同复印件或其他有效证明文件；（4）申请人注册有效期内达到继续教育要求的证明材料。D错，延续注册执业期间可以申请变更注册。

16.【参考答案】B

【学天解析】不予注册情形：（1）不具有完全民事行为能力；（2）申请在两个或以上单位注册的；（3）未达到继续教育要求的；（4）受到刑事处罚，尚未执行完毕的；（5）因执业受到刑事处罚，自刑事处罚执行完毕之日起不满5年的；（6）因执业以外原因受到刑事处罚，自处罚决定之日起不满3年的；（7）被吊销注册证书，自处罚决定之日起不满2年的；（8）申请注册前3年内担任项目经理期间，所负责项目发生过重大质量和安全事故；（9）聘用单位不符合注册单位要求的；（10）年龄超过65周岁的。

17.【参考答案】A

【学天解析】必须进行招标的建设工程项目：（1）大型基础设施、公用事业等关系社会公共利益、公众安全的项目；（2）全部或者部分使用国有资金投资或者国家融资的项目；（3）使用国际组织或者外国政府贷款、援助资金的项目。

18.【参考答案】A

【学天解析】对技术复杂或者无法精确拟定技术规格的项目，招标人可以分两阶段进行招标。第一阶段：提交不带报价的技术建议，B错。第二阶段：提交包括最终技术方案和投标报价的投标文件，C错。第二阶段可提出提交投标保证金的要求，D错。

19.【参考答案】D

【学天解析】D错，被宣告缓刑的犯罪分子，如果被判处附加刑，附加刑仍须执行。

20.【参考答案】D

【学天解析】A错，开标地点必须为招标文件中预先确定的地点。B错，开标由招标人主持，邀请所有投标人参加。C错，评标委员会名单在中标结果确定后公布。

21.【参考答案】D

【学天解析】A错，评标委员会成员不得私下接触投标人，不得收受投标人给予的财物或者其他好处，不得向招标人征询确定中标人的意向。B错，招标人应当采取必要的措施，保证评标在严格保密的情况下进行。C错，评标委员会应当按照招标文件确定的评标标准和方法，对投标文件进行评审和比较。

22.【参考答案】C

【学天解析】《招标投标法》规定，招标人根据评标委员会提出的书面评标报告和推荐的中标候选人确定中标人。招标人也可以授权评标委员会直接确定中标人。

23.【参考答案】B

【学天解析】A错，联合体应当在提交资格评审申请文件前组成。C错，联合体某成员在同一招标项目中以自己名义单独投标，两个投标均无效。D错，由同一专业的单位组成的联合体，按照资质等级较低的单位确定其资质等级。

24.【参考答案】D

【学天解析】A错，投标保证金不得超过招标项目估算价的2%。B错，投标保证金有效期与投标有效期应当一致。C错，撤销投标文件的，招标人可以不退还投标保证金。

25.【参考答案】D

【学天解析】建筑市场各方主体的信用信息公开期限为：（1）基本信息长期公开；（2）优良信用信息公开期限一般为3年；（3）不良信用信息公开期限一般为6个月至3年，并不得低于相关行政处罚期限，A、B错。对整改确有实效的，由企业提出申请，经批准，可缩短其不良行为记录信息公布期限，但公布期限最短不得少于3个月，同时将整改结果列入相应不良行为记录后，供有关部门和社会公众查询；对于拒不整改或整改不力的单位，信息发布部门可延长其不良行为记录信息公布期限，C错。

26.【参考答案】C

【学天解析】工程质量不良行为认定标准：（1）在施工中偷工减料的，使用不合格建筑材料、建筑构配件和设备的，或者有不按照工程设计图纸或施工技术标准施工的其他行为的；（2）未按照节能设计进行施工的；（3）未对建筑材料、建筑构配件、设备和商品混凝土进行检测，或未对涉及结构安全的试块、试件以及有关材料取样检测的；（4）工程竣工验收后，不向建设单位出具质量保修书的，或质量保修的内容、期限违反规定的；（5）不履行保修义务或者拖延履行保修义务的。A、B、D属于安全不良行为。

27.【参考答案】C

【学天解析】当事人订立合同，可以采用书面形式、口头形式或者其他形式，A、D错。书面形式：合同书、信件、电报、电传、传真等。电子数据交换、电子邮件等数据电文，视为书面形式，B错。

28.【参考答案】D

【学天解析】损失赔偿额应当相当于因违约所造成的损失，包括合同履行后可以获得的利益，A错。但是，不得超过违约一方订立合同时预见到或者应当预见到的因违约可能造成的损失，B错。当事人一方违约后，对方应当采取适当措施防止损失的扩大；没有采取适当措施致使损失扩大的，不得就扩大的损失请求赔偿，C错。

29.【参考答案】A

【学天解析】未竣工的建设工程质量合格，承包人请求其承建工程的价款就其承建工程部分折价或者拍卖的价款优先受偿的，人民法院应予支持，B错。发包人可以与承包人约定放弃或者限制建设工程价款优先受偿权，但是不得损害建筑工人利益，C错。承包人应当在合理期限内行使建设工程价款优先受偿权，但最长不得超过18个月，D错。

30.【参考答案】B

【学天解析】A错，封闭式框架协议采购是框架协议采购的主要形式。C错，货物项目框架协议有效期一般不超过1年，服务项目框架协议有效期一般不超过2年。D错，封闭式框架协议入围供应商无正当理由，不得主动放弃入围资格或者退出框架协议。开放式框架协议入围供应商可以随时申请退出框架协议。

31.【参考答案】B

【学天解析】施工企业不得将合同中主体结构的工程转让给他人，A错。未经债权人同意不得转让债务，C错。监理合同不得转让，D错。

32.【参考答案】D

【学天解析】A错，合同的解除适用于合法有效的合同，而无效合同、可撤销合同不发生合同解除。B错，当事人协商一致，可以解除合同。C错，当事人一方主张解除合同的，应当通知对方。合同自通知到达对方时解除。

33.【参考答案】C

【学天解析】A错，造成人身损害的免责条款无效。B错，当事人一方因不可抗力不能履行合同的，根据不可抗力的影响，部分或者全部免除责任，但是法律另有规定的除外。D错，因不可抗力不能履行合同的，应当及时通知对方，以减轻可能给对方造成的损失，并应当在合理期限内提供证明。

34.【参考答案】A

【学天解析】有下列情形之一，劳动者提出或者同意续订、订立劳动合同的，除劳动者提出订立固定期限劳动合同外，应当订立无固定期限劳动合同：（1）劳动者在该用人单位连续工作满10年的；（2）用人单位初次实行劳动合同制度或者国有企业改制重新订立劳动合同时，劳动者在该用人单位连续工作满10年且距法定退休年龄不足10年的；（3）连续订立2次固定期限劳动合同，且劳动者没有《劳动合同法》第39条和第40条第1项、第2项规定的情形，续订劳动合同的。

35.【参考答案】D

【学天解析】A错，用人单位与劳动者发生劳动争议的，劳动者可以申请调解。B错，劳动争议申请仲裁的时效期间为1年，从当事人知道或者应当知道其权利被侵害之日起计算。C错，由职工代表、企业代表组成，无劳动行政部门代表。

36.【参考答案】D

【学天解析】A错，定作人可以中途变更承揽工作的要求，造成承揽人损失的应当赔偿。B错，承揽人不得擅自更换定作人提供的材料。C错，定作人不履行协助义务致使承揽工作不能完成的，承揽人可以催告定作人在合理期限内履行义务，并可以顺延履行期限；定作人逾期不履行的，承揽人可以解除合同。

37.【参考答案】D

【学天解析】因产品存在缺陷造成他人损害的，被侵权人可以向产品的生产者请求赔偿，也可以向产品的销售者请求赔偿。

38.【参考答案】D

【学天解析】A错，货运合同是双务、有偿合同。B错，货运合同的标的是运输行为。C错，货运合同是诺成合同，一般以托运人提出运输货物的请求为要约，承运人同意运输为承诺，合同即告成立。

39.【参考答案】D

【学天解析】A错，不得要求投标人在本地注册设立子公司、分公司、分支机构。B错，有关资质证明文件，不得限制要求提供原件。C错，由招标人或招标人授权评标委员会来确定。

40.【参考答案】C

【学天解析】A错，施工单位应当编制建筑垃圾处理方案。B错，在生态保护红线区域、永久基本农田集中区域和其他需要特别保护的区域内，禁止建设工业固体废物、危险废物集中储存、利用、处置的设施、场所和生活垃圾填埋场。D错，严禁将危险废物混入非危险废物。

41.【参考答案】B

【学天解析】对于未成年工，用人单位应当定期安排健康检查，A错。不得安排女职工在经期从事国家规定的第三级体力劳动强度的劳动，C错。对怀孕7个月以上的女职工，不得安排其延长工作时间和夜班劳动，D错。

42.【参考答案】A

【学天解析】《文物保护法》规定，保存文物特别丰富并且具有重大历史价值或者革命纪念意义的城市，由国务院核定公布为历史文化名城。保存文物特别丰富并且具有重大历史价值或者革命纪念意义的城镇、街道、村庄，由省、自治区、直辖市人民政府核定公布为历史文化街区、村镇，并报国务院备案。

43.【参考答案】A

【学天解析】生产经营单位的安全生产管理机构及安全生产管理人员履行下列职责：（1）组织或者参与拟订本单位安全生产规章制度、操作规程和生产安全事故应急救援预案；（2）组织或者参与本单位安全生产教育和培训，如实记录安全生产教育和培训情况；（3）组织开展危险源辨识和评估，督促落实本单位重大危险源的安全管理措施；（4）组织或者参与本单位应急救援演练；（5）检查本单位的安全生产状况，及时排查生产安全事故隐患，提出改进安全生产管理的建议；（6）制止和纠正违章指挥、强令冒险作业、违反操作规程的行为；（7）督促落实本单位安全生产整改措施。B属于项目负责人的责任，C属于单位主要负责人的责任，D属于总包项目负责人的责任。

44.【参考答案】A

【学天解析】应当认定为工伤情形：（1）在工作时间和工作场所内，因工作原因受到事故伤害的；（2）工作时间前后在工作场所内，从事与工作有关的预备性或者收尾性工作受到事故伤害的；（3）在工作时间和工作场所内，因履行工作职责受到暴力等意外伤害的；（4）患职业病的；（5）因工外出期间，由于工作原因受到伤害或者发生事故下落不明的；（6）在上下班途中，受到非本人负主要责任的交通事故伤害的。

45.【参考答案】B

【学天解析】A错，建设工程施工企业以建筑安装工程造价为依据，于月末按工程进度计算提取企业安全生产费用。C错，建设单位应当在合同中单独约定并于工程开工日1个月内向承包单位支付至少50%企业安全生产费用。D错，编制投标报价应当包含并单列企业安全生产费用，竞标时不得删减。

46.【参考答案】C

【学天解析】事故调查组履行的职责包括：（1）查明事故发生的经过、原因、人员伤亡情况及直接经济损失；（2）认定事故的性质和事故责任；（3）提出对事故责任者的处理建议；（4）总结事故教训，提出防范和整改措施；（5）提交事故调查报告。

47.【参考答案】A

【学天解析】B、C属于监理单位的安全责任，D属于建设单位的安全责任。

48.【参考答案】C

【学天解析】强制性标准监督检查的内容包括：（1）工程技术人员是否熟悉、掌握强制性标准；（2）工程项目的规划、勘察、设计、施工、验收等是否符合强制性标准；（3）工程项目采用的材料、设备是否符合强制性标准；（4）工程项目的安全、质量是否符合强制性标准；（5）工程项目采用的导则、指南、手册、计算机软件的内容是否符合强制性标准。

49.【参考答案】A

【学天解析】B错，见证取样和送检比例不得低于有关技术标准中规定应取样数量的30%。C错，见证人员应由建设单位或该工程的监理单位中具备施工试验知识的专业技术人员担任。D错，取样人员应在试样或其包装上作出标识、封志。

50.【参考答案】A

【学天解析】B错，检测报告经检测人员、审核人员、检测机构法定代表人或者其授权的签字人等签署，并加盖检测专用章后方可生效。C错，工程质量检测机构是具有独立法人资格的中介机构。D错，检测机构资质证书有效期为5年，有效期需要延续的，应当在有效期届满30个工作日前向资质许可机关提出资质延续申请。

51.【参考答案】C

【学天解析】返修范围：施工中出现质量问题或者竣工验收不合格。施工单位的原因造成的，施工单位无偿修理；非施工单位原因造成的，施工单位负责返修，返修费用以及损失由责任方负责。

52.【参考答案】B

【学天解析】A错，监理单位不得与被监理工程的施工单位以及材料、构配件和设备供应单位有利害关系。C、D错，监理工程师签字：建筑材料、构配件和设备的使用或安装，进行下一道工序的施工。总监理工程师签字：建设单位拨付工程款、竣工验收。

53.【参考答案】B

【学天解析】《建设工程质量管理条例》规定，建设单位收到建设工程竣工报告后，应当组织设计、施工、工程监理等有关单位进行竣工验收。

54.【参考答案】B

【学天解析】A错，组织形式是人民调解委员会。C错，经人民调解委员会调解达成调解协议后，双方当事人认为有必要的，可以自调解协议生效之日起30日内共同向人民法院申请司法确认。D错，人民调解协议不具有强制执行力。

55.【参考答案】C

【学天解析】A错，农村土地承包经营合同纠纷、房屋租赁合同纠纷、建设工程施工合同纠纷、政策性房屋买卖合同纠纷，按照不动产纠纷确定管辖。B错，不动产已登记的，以不动产登记簿记载的所在地为不动产所在地；不动产未登记的，以不动产实际所在地为不动产所在地。D错，因继承遗产纠纷提起的诉讼，由被继承人死亡时住所地或者主要遗产所在地人民法院管辖。

56.【参考答案】C

【学天解析】当事人不服地方法院一审判决的，有权在判决书送达之日起15日内向上一级法院提起上诉；不服地方法院一审裁定的，有权在裁定书送达之日起10日内向上一级法院提起上诉，A错。经过阅卷、调查和询问当事人，对没有提出新的事实、证据或者理由，人民法院认为不需要开庭审理的，可以不开庭审理，B错。上诉由二审人民法院受理，D错。

57.【参考答案】A

【学天解析】B错，当事人提出反诉的案件，即使诉争金额符合“小额”的标准，也不得适用小额诉讼程序。C错，法院适用小额诉讼程序审理案件，应当在立案之日起2个月内审结。D错，审理过程中，发现案件不宜适用小额诉讼程序的，应当适用简易程序的其他规定审理或者裁定转为普通程序。

58.【参考答案】A

【学天解析】B错，有效的仲裁协议排除了法院的司法管辖权。C错，当事人申请仲裁需要有效仲裁协议，仲裁委员会才能受理。D错，仲裁实行一裁终局，当事人不得就已经裁决的事项提起诉讼。

59.【参考答案】B

【学天解析】A错，当事人对仲裁协议效力有异议的，应当在仲裁庭首次开庭前提出。C错，仲裁委员会应当采用决定的方式。D错，当事人向人民法院申请确认仲裁协议效力的案件，由仲裁协议约定的仲裁机构所在地的中级人民法院管辖；仲裁协议约定的仲裁机构不明确的，由仲裁协议签订地或者被申请人住所地的中级人民法院管辖。

60.【参考答案】A

【学天解析】经复议的案件，复议机关决定维持原行政行为的，作出原行政行为的行政机关和复议机关是共同被告；复议机关改变原行政行为的，复议机关是被告。

二、多项选择题

61.【参考答案】ACDE

【学天解析】用益物权包括土地承包经营权、建设用地使用权、居住权、宅基地使用权和地役权。

62.【参考答案】BCD

【学天解析】A错，不满14周岁的未成年人有违法行为的，不予行政处罚，责令监护人加以管教；已满14周岁不满18周岁的未成年人有违法行为的，应当从轻或者减轻行政处罚。E错，应当从轻或者减轻行政处罚。

63.【参考答案】ACDE

【学天解析】一般保证的保证人在主合同纠纷未经审判或者仲裁，并就债务人财产依法强制执行仍不能履行债务前，有权拒绝向债权人承担保证责任，但是有下列情形之一的除外：（1）债务人下落不明，且无财产可供执行；（2）人民法院已经受理债务人破产案件；（3）债权人有证据证明债务人的财产不足以履行全部债务或者丧失履行债务能力；（4）保证人书面表示放弃本款规定的权利，B错。

64.【参考答案】AD

【学天解析】招标人应当拒收：（1）未通过资格预审的申请人提交的投标文件；（2）逾期送达的投标文件；（3）不按照招标文件要求密封的投标文件。

65.【参考答案】ABC

【学天解析】以下情形视为投标人之间串通投标：（1）投标文件由同一单位或者个人编制；（2）委托同一单位或者个人办理投标事宜；（3）投标文件载明的项目管理成员为同一人；（4）投标文件异常一致或者投标报价呈规律性差异；（5）投标文件相互混装；（6）投标保证金从同一单位或者个人的账户转出。

66.【参考答案】ABC

【学天解析】违法分包：（1）承包单位将承包工程分包给个人的；（2）施工总承包单位或专业承包单位将工程分包给不具备相应资质单位；（3）施工总承包单位将工程主体结构的施工分包给其他单位的，钢结构工程除外；（4）专业分包单位将其承包的专业工程中非劳务作业部分再分包的；（5）专业作业承包人将其承包的劳务再分包的；（6）专业作业承包人除计取劳务作业费用外，还计取主要建筑材料款和大中型施工机械设备、主要周转材料费用的。

67.【参考答案】AE

【学天解析】建设工程施工合同具有下列情形之一的，认定无效：（1）承包人未取得建筑企业资质或者超越资质等级的；（2）没有资质的实际施工人借用有资质的建筑施工企业名义的；（3）建设工程必须进行招标而未招标或者中标无效的。承包人因转包、违法分包建设工程与他人签订的建设工程施工合同。

68.【参考答案】ACD

【学天解析】B错，因承包人原因导致开工时间推迟的，以开工通知载明的时间为开工日期；E错，发包人或者监理人未发出开工通知，亦无相关证据证明实际开工日期的，应当综合考虑开工报告、合同、施工许可证、竣工验收报告或者竣工验收备案表等载明的时间，并结合是否具备开工条件的事实，认定开工日期。

69.【参考答案】ABE

【学天解析】C错，商业保险属于劳动合同的选择条款；D错，用人单位自用工之日起即与劳动者建立劳动关系。

70.【参考答案】ABD

【学天解析】C错，建设工程在超过合理使用年限后需要继续使用的，产权所有人应当委托具有相应资质等级的勘察、设计单位鉴定，并根据鉴定结果采取加固、维修等措施，重新界定使用期。E错，如果是因建设单位或者用户使用不当或擅自改动结构、设备位置以及不当装修等造成质量问题的，施工单位不承担保修责任；由此而造成的质量受损或者其他用户损失，应当由责任人承担相应的责任。

71.【参考答案】DE

【学天解析】用人单位以暴力、威胁或者非法限制人身自由的手段强迫劳动的，或者用人单位违章指挥、强令冒险作业危及劳动者人身安全的，劳动者可以立即解除劳动合同，不用事先告知用人单位。

72.【参考答案】AB

【学天解析】有下列情形之一的，劳动合同终止：（1）劳动合同期满的；（2）劳动者开始依法享受基本养老保险待遇的；（3）劳动者死亡，或者被人民法院宣告死亡或者宣告失踪的；（4）用人单位被依法宣告破产的；（5）用人单位被吊销营业执照、责令关闭、撤销或者用人单位决定提前解散的；（6）法律、行政法规规定的其他情形。

73.【参考答案】BCD

【学天解析】A错，施工总承包单位应当按照有关规定开设农民工工资专用账户，专项用于支付该工程建设项目农民工工资。E错，施工合同额低于300万元的工程，且该工程的施工总承包单位在签订施工合同前一年内承建的工程未发生工资拖欠的，各地区可结合行业保障农民工工资支付实际，免除该工程存储工资保证金。

74.【参考答案】CDE

【学天解析】下列纠纷不属于劳动争议范围：（1）劳动者请求社会保险经办机构发放社会保险金的纠纷；（2）劳动者与用人单位因住房制度改革产生的公有住房转让纠纷；（3）劳动者对劳动能力鉴定委员会的伤残等级鉴定结论或者对职业病诊断鉴定委员会的职业病诊断鉴定结论的异议纠纷；（4）家庭与家政服务人员之间的纠纷；（5）个体工匠与帮工、学徒之间的纠纷；（6）农村承包经营户与受雇人之间的纠纷。

75.【参考答案】ABE

【学天解析】C错，因国际货物买卖合同和技术进出口合同争议的时效期间为4年；

D错，超过诉讼时效期间权利人行使权利的，如果符合《民事诉讼法》规定的起诉条件，法院仍然应当受理。

76.【参考答案】BC

【学天解析】A错，特种作业人员经有关业务主管部门考核合格，取得特种作业操作资格证书。D错，管理人员和作业人员每年至少进行1次安全生产教育培训并考核合格。E错，有职业危害防治措施，并为作业人员配备符合国家标准或者行业标准的安全防护用具和安全防护服装。

77.【参考答案】ACE

【学天解析】建筑起重机械不得出租、使用的情形：（1）国家明令淘汰或者禁止使用的；（2）超过安全技术标准或者制造厂家规定的使用年限的；（3）经检验达不到安全技术标准规定的；（4）没有完整安全技术档案的；（5）没有齐全有效的安全保护装置的。

78.【参考答案】ABC

【学天解析】工程合理使用年限就是该工程勘察、设计、施工等单位的质量责任年限，D错。由于发包人原因导致工程无法按规定期限进行竣工验收的，在承包人提交竣工验收报告90天后，工程自动进入缺陷责任期，E错。

79.【参考答案】ABCD

【学天解析】《民事诉讼法》规定，合同的当事人可以在书面合同中协议选择被告住所地、合同履行地、合同签订地、原告住所地、标的物所在地等与争议有实际联系的地点的人民法院管辖，但不得违反本法对级别管辖和专属管辖的规定。

80.【参考答案】ABD

【学天解析】下列行为不属于人民法院行政诉讼的受案范围：（1）公安、国家安全等机关依照刑事诉讼法的明确授权实施的行为；（2）调解行为以及法律规定的仲裁行为；（3）行政指导行为；（4）驳回当事人对行政行为提起申诉的重复处理行为；（5）行政机关作出的不产生外部法律效力的行为；（6）行政机关为作出行政行为而实施的准备、论证、研究、层报、咨询等过程性行为；（7）行政机关根据人民法院的生效裁判、协助执行通知书作出的执行行为，但行政机关扩大执行范围或采取违法方式实施的除外；（8）上级行政机关基于内部层级监督关系对下级行政机关作出的听取报告、执法检查、督促履责等行为；（9）行政机关针对信访事项作出的登记、受理、交办、转送、复查、复核意见等行为；（10）对公民、法人或者其他组织权利义务不产生实际影响的行为。

通关必做卷三（冲刺阶段测试）

扫码查看视频讲解

一、单项选择题

1.【参考答案】D

【学天解析】A错，法的形式的含义包括制定机关的性质和级别、外部表现形式、效力层级和地域效力。B错，在我国，习惯法、宗教法、判例不是法的形式。C错，我国法的形式具体可以分为7类。

2.【参考答案】C

【学天解析】A错，民事法律行为的委托代理，可以用书面形式，也可以用口头形式。B错，委托代理授权不明的，代理人与被代理人应当承担连带责任。D错，代理人知道代理事项违法仍然实施代理行为的，应当和被代理人承担连带责任。

3.【参考答案】C

【学天解析】A错，转让注册商标的，由转让人和受让人共同向商标局提出申请。B错，商标专用权人可以将商标连同企业或者商誉同时转让，也可以将商标单独转让。D错，注册商标的转让是指商标专用人将其所有的注册商标依法转移给他人所有并由其专用的法律行为。

4.【参考答案】A

【学天解析】B错，建设用地使用权自办理物权登记时设立。C错，设立居住权的，应当向登记机构申请居住权登记，居住权自登记时设立。D错，机动车所有权自交付时发生物权效力。

5.【参考答案】D

【学天解析】A错，建筑行业协会属于以公益为目的的非营利法人，不得作为保证人。B错，对保证方式没有约定的，按照一般保证承担责任。C错，对保证范围没有约定的，按照主债权及利息、违约金、损害赔偿金以及实现债权的费用来承担责任。

6.【参考答案】B

【学天解析】A错，现有和将有的应收账款，都可以出质。C、D错，以汇票、本票、支票、债券、存款单、仓单、提单出质的，质权自权利凭证交付质权人时设立；没有权利凭证的，质权自办理出质登记时设立。

7.【参考答案】C

【学天解析】A、B错，当事人对欠付工程价款利息计付标准有约定的，按照约定处理。没有约定的，按照同期同类贷款利率或者同期贷款市场报价利率计息。D错，当事人对付款时间没有约定或者约定不明的，下列时间视为应付款时间：（1）建设工程已实际交付的，为交付之日；（2）建设工程没有交付的，为提交竣工结算文件之日；（3）建设工程未交付，工程价款也未结算的，为当事人起诉之日。

8.【参考答案】C

【学天解析】A错，由最先收到的部门审理。B错，必要时，行政监督部门可以责令暂停招标投标活动。D错，30个工作日内作出书面处理决定。

9.【参考答案】D

【学天解析】工程质量不良行为认定标准：（1）在施工中偷工减料的，使用不合格建筑材料、建筑构配件和设备的，或者有不按照工程设计图纸或施工技术标准施工的其他行为的；（2）未按照节能设计进行施工的；（3）未对建筑材料、建筑构配件、设备和商品混凝土进行检测，或未对涉及结构安全的试块、试件以及有关材料取样检测的；（4）工程竣工验收后，不向建设单位出具质量保修书的，或质量保修的内容、期限违反规定的；（5）不履行保修义务或者拖延履行保修义务的。A、B、C属于安全不良行为。

10.【参考答案】C

【学天解析】A错，由国务院住房城乡建设主管部门颁发的建筑业企业资质证书的变更，由国务院住房城乡建设主管部门办理变更手续。B错，建筑业企业资质证书遗失补办，由申请人告知资质许可机关，由资质许可机关在官网发布信息。D错，企业发生合并、分立、重组以及改制等事项，需承继原建筑业企业资质的，应当申请重新核定建筑业企业资质等级。

11.【参考答案】D

【学天解析】建设单位应当自中止施工之日起一个月内，向发证机关报告，建筑工程恢复施工时，应当向发证机关报告；中止施工满一年的工程恢复施工前，建设单位应当报发证机关核验施工许可证。

12.【参考答案】B

【学天解析】A、D错，居住权不得转让、继承。C错，居住权自登记时设立。

13.【参考答案】C

【学天解析】合同义务的转让，必须经过债权人同意。

14.【参考答案】B

【学天解析】A错，二级注册建造师可以担任中、小型工程施工项目负责人。C错，建造师担任施工项目负责人期间，经发包人同意，可以变更注册至另一企业。D错，注册建造师担任施工项目负责人期间原则上不得更换，但下列情形除外：（1）发包方与注册建造师受聘企业已解除承包合同的；（2）发包方同意更换项目负责人的；（3）因不可抗力等特殊情况必须更换项目负责人的。

15.【参考答案】B

【学天解析】A错，招标投标交易场所不得与行政监督部门存在隶属关系，不得以营利为目的。C错，依法必须招标项目的招标公告和公示信息，除依法需要保密或者涉及商业秘密的内容外，依法向社会公开。D错，发布媒介应当免费提供依法必须招标项目的招标公告和公示信息发布服务，并允许社会公众和市场主体免费、及时查阅。

16.【参考答案】D

【学天解析】A错，招标人应当在招标文件中载明投标有效期，投标有效期从提交投标文件的截止之日起算。B错，潜在投标人或者其他利害关系人对招标文件有异议的，应当在投标截止时间10日前提出。C错，招标人对已发出的招标文件进行必要的修改的，应当在招标文件要求提交投标文件截止时间至少15日前。

17.【参考答案】C

【学天解析】A错，自资格预审文件停止发售之日起不得少于5日。B错，通过资格预审的申请人少于3个的，应当重新招标。D错，应当在开标后由评标委员会按照招标文件规定的标准和方法对投标人的资格进行审查。

18.【参考答案】D

【学天解析】A错，招标人根据评标委员会提出的书面评标报告和推荐的中标候选人确定中标人，招标人也可以授权评标委员会直接确定中标人。B错，招标人和中标人应当自中标通知书发出之日起30日内，按照招标文件和中标人的投标文件订立书面合同。C错，招标人和中标人不得再行订立背离合同实质性内容的其他协议。

19.【参考答案】C

【学天解析】抵押物拍卖所得，超过债权部分归抵押人所有。

20.【参考答案】B

【学天解析】A错，建设工程施工企业以建筑安装工程造价为依据，于月末按工程进度计算提取企业安全生产费用。C错，工程竣工决算后结余的企业安全生产费用，应当退回建设单位。D错，建设单位应当在合同中单独约定并于工程开工日1个月内向承包单位支付至少50%的企业安全生产费用。

21.【参考答案】D

【学天解析】A错，承包人可以与发包人协议将该工程折价，也可以请求人民法院将该工程依法拍卖。建设工程的价款就该工程折价或者拍卖的价款优先受偿。B错，不得超过18个月。C错，自应当给付建设工程价款之日起算。

22.【参考答案】B

【学天解析】A错，申请延续注册应当在注册有效期满30日前提出。C错，在注册有效期内，可以申请变更注册，延续注册执业期间也属于注册有效期内。D错，采取弄虚作假等手段取得注册建造师继续教育证书的，一经发现立即取消当事人继续教育记录，记入不良信用记录，对社会公布。

23.【参考答案】B

【学天解析】本题涉及共同危险行为致人损害，由于张三、李四的行为导致王五遭受损害，又不能证明是谁造成的，故应由其二人承担连带责任。

24.【参考答案】D

【学天解析】损失赔偿额应当相当于因违约所造成的损失，包括合同履行后可以获得的利益，但是不得超过违约一方订立合同时预见到或者应当预见到的因违约可能造成的损失，A、B错。当事人一方违约后，对方应当采取适当措施防止损失的扩大；没有采取适当措施致使损失扩大的，不得就扩大的损失请求赔偿，C错。

25.【参考答案】D

【学天解析】A错，国有资金投资的建筑工程招标的，应当设有最高投标限价。B错，招标人不得规定最低投标限价。C错，招标人可以自行决定是否编制标底。

26.【参考答案】C

【学天解析】A错，限制民事行为能力人实施的纯获利益的民事法律行为有效。B错，效力待定。D错，法定代表人未作表示的，视为拒绝追认。

27.【参考答案】C

【学天解析】A错，劳动合同分为固定期限劳动合同、无固定期限劳动合同和以完成一定工作任务为期限的劳动合同。B错，固定期限劳动合同可以是1年、2年，也可以是5年、10年，甚至更长时间。D错，劳动者与用人单位连续订立2次固定期限劳动合同的，应当订立无固定期限劳动合同。

28.【参考答案】C

【学天解析】A错，地方各级人民政府应急管理部门应当组织有关专家对本部门编制的部门应急预案进行审定；必要时，可以召开听证会，听取社会有关方面的意见。B错，受理应急预案备案登记的负有安全生产监督管理职责的部门应当在5个工作日内对应急预案材料进行核对。D错，县级以上地方人民政府以及县级以上人民政府负有安全生产监督管理职责的部门，乡、镇人民政府以及街道办事处等地方人民政府派出机关，应当至少每2年组织1次生产安全事故应急救援预案演练。

29.【参考答案】D

【学天解析】约定的违约金过分高于造成的损失的，人民法院或者仲裁机构可以根据当事人的请求予以适当减少。

30.【参考答案】C

【学天解析】施工安全管理有下列情形之一的，应判定为重大事故隐患：（1）建筑施工企业未取得安全生产许可证擅自从事建筑施工活动；（2）施工单位的主要负责人、项目负责人、专职安全生产管理人员未取得安全生产考核合格证书从事相关工作；（3）建筑施工特种作业人员未取得特种作业人员操作资格证书上岗作业；（4）危险性较大的分部分项工程未编制、未审核专项施工方案，或未按规定组织专家对“超过一定规模的危险性较大的分部分项工程范围”的专项施工方案进行论证。

31.【参考答案】C

【学天解析】A错，用人单位自用工之日起即与劳动者建立劳动关系。B错，用人单位与劳动者应当自用工之日起1个月内订立书面劳动合同。D错，用人单位自用工之日起满1年不与劳动者订立书面劳动合同的，则视为用人单位与劳动者已订立无固定期限劳动合同。

32.【参考答案】C

【学天解析】A错，评标委员会由招标人的代表和有关技术、经济等方面的专家组成。B错，评标委员会成员的名单在中标结果确定前应当保密。D错，评标委员会不得向招标人征询确定中标人的意向。

33.【参考答案】A

【学天解析】有下列情形之一的，劳动合同终止：（1）劳动合同期满的；（2）劳动者开始依法享受基本养老保险待遇的；（3）劳动者死亡，或者被人民法院宣告死亡或者宣告失踪的；（4）用人单位被依法宣告破产的；（5）用人单位被吊销营业执照、责令关闭、撤销或者用人单位决定提前解散的；（6）法律、行政法规规定的其他情形。

34.【参考答案】A

【学天解析】出卖人出卖交由承运人运输的在途标的物，除当事人另有约定的以外，毁损、灭失的风险自合同成立时起由买受人承担。

35.【参考答案】B

【学天解析】A错，被派遣劳动者在用工单位因工作遭受事故伤害的，劳务派遣单位应当依法申请工伤认定。C错，用工单位应当对在岗被派遣劳动者进行工作岗位所必需的培训。D错，被派遣劳动者在申请进行职业病诊断、鉴定时，用工单位应当负责处理职业病诊断、鉴定事宜。

36.【参考答案】A

【学天解析】仲裁员有下列情形之一的，必须回避，当事人也有权提出回避申请：（1）是本案当事人或者当事人、代理人的近亲属；（2）与本案有利害关系；（3）与本案当事人、代理人有其他关系，可能影响公正仲裁的；（4）私自会见当事人、代理人，或者接受当事人、代理人的请客送礼的。

37.【参考答案】D

【学天解析】A错，不得安排女职工在经期从事三级以上高处、二级以上低温、二级以上冷水作业。B错，对怀孕7个月以上的女职工，不得安排其延长工作时间和夜班劳动。C错，不得安排未成年工从事矿山井下、有毒有害、国家规定的第四级体力劳动强度的劳动。

38.【参考答案】D

【学天解析】A错，技术复杂、有特殊要求或者受自然环境限制，只有少量潜在投标人可供选择的，可以邀请招标。B错，涉及国家安全、国家秘密不适宜进行招标的项目，可以不进行招标。C错，需要向原中标人采购工程、货物或者服务，否则将影响施工或者功能配套要求的，可以不进行招标。

39.【参考答案】C

【学天解析】当事人受胁迫，自胁迫行为终止之日起1年内没有行使撤销权，A错。当事人知道撤销事由后明确表示或者以自己的行为表明放弃撤销权的，撤销权消灭，B错。当事人自民事法律行为发生之日起5年内没有行使撤销权的，撤销权消灭，D错。

40.【参考答案】D

【学天解析】定作人在承揽人完成工作前可以随时解除承揽合同，造成承揽人损失的，应当赔偿损失。

41.【参考答案】D

【学天解析】在公共场所或者道路上挖掘、修缮安装地下设施等造成他人损害，施工人不能证明已经设置明显标志和采取安全措施的，应当承担侵权责任。

42.【参考答案】D

【学天解析】A错，纳税人兼营不同税率的项目，应当分别核算不同税率项目的销售额，未分别核算销售额的，从高适用税率。B错，实行简易计税、免税、个人消费、非正常损失等，不准予抵扣进项税额。C错，当期销项税额小于当期进项税额不足抵扣时，其不足部分可以结转下期继续抵扣。

43.【参考答案】A

【学天解析】当事人对建设工程开工日期有争议的，人民法院应当分别按照以下情形予以认定：（1）开工日期为发包人或者监理人发出的开工通知载明的开工日期；开工通知发出后，尚不具备开工条件的，以开工条件具备的时间为开工日期；因承包人原因导致开工时间推迟的，以开工通知载明的时间为开工日期；（2）承包人经发包人同意已经实际进场施工的，以实际进场施工时间为开工日期；（3）发包人或者监理人未发出开工通知，亦无相关证据证明实际开工日期的，应当综合考虑开工报告、合同、施工许可证、竣工验收报告或者竣工验收备案表等载明的时间，并结合是否具备开工条件的事实，认定开工日期。

44.【参考答案】B

【学天解析】行政机关对申请人提出的行政许可申请，应当根据下列情况分别作出处理：（1）申请事项依法不需要取得行政许可的，应当即时告知申请人不受理，B正确；（2）申请事项依法不属于本行政机关职权范围的，应当即时作出不予受理的决定，并告知申请人向有关行政机关申请，A错；（3）申请材料存在可以当场更正的错误的，应当允许申请人当场更正，C错；（4）申请材料不齐全或者不符合法定形式的，应当当场或者在5日内一次告知申请人需要补正的全部内容，逾期不告知的，自收到申请材料之日起即为受理，D错；（5）申请事项属于本行政机关职权范围，申请材料齐全、符合法定形式，或者申请人按照本行政机关的要求提交全部补正申请材料的，应当受理行政许可申请。

45.【参考答案】A

【学天解析】B错，建设单位可以采用招标方式或者直接发包方式选择工程总承包单位。C、D错，工程总承包单位可以是具有相应工程设计资质的设计单位和施工资质的施工单位组成的联合体。

46.【参考答案】C

【学天解析】在历史文化名城、名镇、名村保护范围内禁止进行下列活动：（1）开山、采石、开矿等破坏传统格局和历史风貌的活动；（2）占用保护规划确定保留的园林绿地、河湖水系、道路等；（3）修建生产、储存爆炸性、易燃性、放射性、毒害性、腐蚀性物品的工厂、仓库等；（4）在历史建筑上刻画、涂污。

47.【参考答案】B

【学天解析】建筑施工企业取得安全生产许可证，应当具备12项安全生产条件：（1）建立健全安全生产责任制，制定完备的安全生产规章制度和操作规程；（2）保证本单位安全生产条件所需资金的投入，A错；（3）设置安全生产管理机构，按照国家有关规定配备专职安全生产管理人员；（4）主要负责人、项目负责人、专职安全生产管理人员经建设主管部门或者其他有关部门考核合格；（5）特种作业人员经有关业务主管部门考核合格，取得特种作业操作资格证书，C错；（6）管理人员和作业人员每年至少进行1次安全生产教育培训并考核合格；（7）依法参加工伤保险，依法为施工现场从事危险作业的人员办理意外伤害保险，为从业人员缴纳保险费，D错；（8）施工现场的办公、生活区及作业场所和安全防护用具、机械设备、施工机具及配件符合有关安全生产法律、法规、标准和规程的要求；（9）有职业危害防治措施，并为作业人员配备符合国家标准或者行业标准的安全防护用具和安全防护服装；（10）有对危险性较大的分部分项工程及施工现场易发生重大事故的部位、环节的预防、监控措施和应急预案；（11）有生产安全事故应急救援预案、应急救援组织或者应急救援人员，配备必要的应急救援器材、设备；（12）法律、法规规定的其他条件。

48.【参考答案】B

【学天解析】A、C错，重大政府投资项目和国家审批的大中型项目应批准开工报告，无须办理施工许可证。D错，抢险救灾及其他临时性房屋建筑和农民自建低层住宅的建筑活动，无须办理施工许可证。

49.【参考答案】B

【学天解析】抵押权人与抵押人可以协议变更抵押权顺位以及被担保的债权数额等内容。但是，抵押权的变更未经其他抵押权人书面同意的，不得对其他抵押权人产生不利影响。

50.【参考答案】C

【学天解析】A错，危大工程实行分包的，专项施工方案可以由相关专业分包单位组织编制。B错，专项施工方案应当由施工单位技术负责人审核签字、加盖单位公章，并由总监理工程师审查签字、加盖执业印章后方可实施。D错，专家论证前专项施工方案应当通过施工单位审核和总监理工程师审查。

51.【参考答案】D

【学天解析】A错，尚未制定法律、行政法规，且属于地方性事务的，地方性法规可以设定查封场所、设施或者财物，以及扣押财物的行政强制措施。B错，查封场所、设施或者财物属于行政强制措施。C错，排除妨碍、恢复原状属于行政强制执行。

52.【参考答案】B

【学天解析】下列文物受国家保护：（1）具有历史、艺术、科学价值的古文化遗址、古墓葬、古建筑、石窟寺和石刻、壁画；（2）与重大历史事件、革命运动或者著名人物有关的以及具有重要纪念意义、教育意义或者史料价值的近代现代重要史迹、实物、代表性建筑，A错；（3）历史上各时代珍贵的艺术品、工艺美术品，C错；（4）历史上各时代重要的文献资料以及具有历史、艺术、科学价值的手稿和图书资料等；（5）反映历史上各时代、各民族社会制度、社会生产、社会生活的代表性实物，D错。

53.【参考答案】C

【学天解析】A错，工程建设规划阶段执行强制性标准的监督机构是项目规划审查机构。B错，工程技术人员是否熟悉强制性标准属于强制性标准监督检查内容。D错，工程建设中采用国际标准或者国外标准，必须符合我国强制性标准的规定。

54.【参考答案】C

【学天解析】A错，自货物交付之日起30日内支付款项，合同另有约定的，不得超过60日。B错，合同约定采取履行进度结算、定期结算等结算方式的，付款期限应当自双方确认结算金额之日起算。D错，自约定的检验或者验收期限届满之日起算。

55.【参考答案】A

【学天解析】B错，部门规章之间对同一事项的规定不一致，由国务院裁决。C错，由全国人大常委会裁决。D错，地方性法规与部门规章之间对同一事项的规定不一致，由国务院提出意见。

56.【参考答案】A

【学天解析】B错，不得任意压缩工期是建设单位责任。C错，设计单位应当就审查合格的施工图设计文件向施工单位作出详细说明。D错，施工图设计文件由建设单位报审。

57.【参考答案】A

【学天解析】B错，工程竣工验收后3个月内，应当向城建档案馆报送一套符合规定的建设工程档案。C错，勘察、设计、施工、监理等单位应当将本单位形成的工程文件立卷后向建设单位移交。D错，电子档案签署了具有法律效力的电子印章或电子签名的，可不移交相应纸质档案。

58.【参考答案】C

【学天解析】A错，人民调解的组织形式是人民调解委员会。B错，调解协议可书面，可口头。D错，调解协议不具有强制执行力。

59.【参考答案】B

【学天解析】A错，和解达成协议，在形式上既可以是口头的，也可以是书面的。C错，当事人可以就全部诉讼请求达成和解协议，也可以就个别诉讼请求达成和解协议。D错，调解可以和仲裁相结合。

60.【参考答案】B

【学天解析】A错，建设单位应当自建设工程竣工验收合格之日起15日内办理建设工程竣工验收备案。C错，工程质量监督机构应当在工程竣工验收之日起5日内，向备案机关提交工程质量监督报告。D错，备案机关收到建设单位报送的竣工验收备案文件，验证文件齐全后，应当在工程竣工验收备案表上签署文件收讫。

二、多项选择题

61.【参考答案】ABD

【学天解析】C错，用工单位不得将被派遣劳动者再派遣到其他用人单位。E错，劳务派遣单位不得再向被派遣劳动者收取任何费用。

62.【参考答案】BCE

【学天解析】A错，基层群众自治组织属于特别法人。D错，设计院有限公司属于营利法人。

63.【参考答案】AE

【学天解析】B、C、D错，小额诉讼程序是简易程序的一种，适用于审理事实清楚、权利义务关系明确、争议不大的简单金钱给付民事案件，标的额为各省、自治区、直辖市上年度就业人员年平均工资50%以下的案件，实行一审终审。

64.【参考答案】ACD

【学天解析】B错，劳动者依法享受年休假、探亲假、婚假、丧假期间，用人单位应按劳动合同规定的标准支付劳动者工资。E错，用人单位依法安排劳动者在法定休假节日工作的，按照不低于劳动合同规定的劳动者本人日或小时工资标准的300%支付劳动者工资。

65.【参考答案】CD

【学天解析】A、B错，被判处拘役或者3年以下有期徒刑的犯罪分子，符合条件的，可以宣告缓刑，对其中不满18周岁的人、怀孕的妇女和已满75周岁的人，应当宣告缓刑。C正确，对于累犯和犯罪集团的首要分子，不适用缓刑。D正确，被宣告缓刑的犯罪分子，如果被判处附加刑，附加刑仍须执行。E错，对于自首的犯罪分子，可以

（而非应当）从轻或者减轻处罚。

66.【参考答案】BC

【学天解析】《招标投标法实施条例》进一步规定，招标人不得以不合理的条件限制、排斥潜在投标人或者投标人。招标人有下列行为之一的，属于以不合理条件限制、排斥潜在投标人或者投标人：（1）就同一招标项目向潜在投标人或者投标人提供有差别的项目信息，A错；（2）设定的资格、技术、商务条件与招标项目的具体特点和实际需要不相适应或者与合同履行无关，D错；（3）依法必须进行招标的项目以特定行政区域或者特定行业的业绩、奖项作为加分条件或者中标条件；（4）对潜在投标人或者投标人采取不同的资格审查或者评标标准；（5）限定或者指定特定的专利、商标、品牌、原产地或者供应商；（6）依法必须进行招标的项目非法限定潜在投标人或者投标人的所有制形式或者组织形式，E错；（7）以其他不合理条件限制、排斥潜在投标人或者投标人。

67.【参考答案】AE

【学天解析】B错，检测机构资质许可机关受理申请后，应当进行材料审查和专家评审，在20个工作日内完成审查并作出书面决定。C错，符合资质标准的，自作出决定之日起10个工作日内颁发检测机构资质证书，并报国务院住房和城乡建设主管部门备案。D错，资质证书有效期为5年。检测机构需要延续资质证书有效期的，应当在资质证书有效期届满30个工作日前向资质许可机关提出资质延续申请。

68.【参考答案】ACD

【学天解析】B错，属于设计单位的安全责任。E错，属于施工单位的安全责任。

69.【参考答案】ABCD

【学天解析】E错，“施工企业将其承包的部分非主体工程分包的”不一定无效，只要经过建设单位认可即可。

70.【参考答案】BDE

【学天解析】《劳动合同法》第26条规定，下列劳动合同无效或者部分无效：（1）以欺诈、胁迫的手段或者乘人之危，使对方在违背真实意思的情况下订立或者变更劳动合同的；（2）用人单位免除自己的法定责任、排除劳动者权利的；（3）违反法律、行政法规强制性规定的。

71.【参考答案】ABCD

【学天解析】E错，住宅建设用地使用权期间届满的，自动续期。

72.【参考答案】BCD

【学天解析】A、E错，用人单位提前30日以书面形式通知劳动者本人或者额外支付劳动者1个月工资后，可以解除劳动合同：（1）劳动者患病或者非因工负伤，在规定的医疗期满后不能从事原工作，也不能从事由用人单位另行安排的工作的；（2）劳动者不能胜任工作，经过培训或者调整工作岗位，仍不能胜任工作的；（3）劳动合同订立时所依据的客观情况发生重大变化，致使劳动合同无法履行，经用人单位与劳动者协商，未能就变更劳动合同内容达成协议的。

73.【参考答案】ACE

【学天解析】B错，实行两阶段招标的，招标人要求提交投标保证金的，应当在第二阶段提出。D错，应当在书面合同签订后5日内向中标人和未中标的投标人退还投标保证金及银行同期存款利息。

74.【参考答案】BCE

【学天解析】A错，招标人接受联合体投标并进行资格预审的联合体应当在提交资格预审申请文件前组成。D错，联合体各方在同一招标项目中以自己名义单独投标或者参加其他联合体投标的，相关投标均无效。

75.【参考答案】AD

【学天解析】B错，建设工程施工合同纠纷按照不动产纠纷确定管辖。C错，有管辖权的人民法院由于特殊原因，不能行使管辖权的，由上级人民法院指定管辖。E错，不得违反级别管辖和专属管辖的规定。

76.【参考答案】ACDE

【学天解析】B错，标底只能作为评标的参考，不得以投标报价是否接近标底作为中标条件，也不得以投标报价超过标底上下浮动范围作为否决投标的条件。

77.【参考答案】ACD

【学天解析】根据《最高人民法院关于审理民间借贷案件适用法律若干问题的规定》，具有下列情形之一的，人民法院应当认定民间借贷合同无效：（1）套取金融机构贷款转贷的；（2）以向其他营利法人借贷、向职工集资或向公众非法吸收存款等方式取得的资金转贷的；（3）未依法取得放贷资格的出借人，以营利为目的提供借款的；（4）出借人知道借款人借款用于违法犯罪活动仍然提供的；（5）违反法律、行政法规强制性规定，违背公序良俗的。

78.【参考答案】ACE

【学天解析】B错，由他人原因造成的缺陷，发包人负责组织维修，承包人不承担费用，且发包人不得从保证金中扣除费用。D错，发包人在接到承包人返还保证金申请后14天内不予答复，经催告后14天内仍不予答复，视同认可承包人的返还保证金申请。

79.【参考答案】ABD

【学天解析】C错，对无法精确拟定技术规格的项目，招标人可以分两阶段进行招标。E错，投标人第一阶段应当提交不带报价的技术建议。

80.【参考答案】CE

【学天解析】A错，单位负责人接到报告后应当于1小时内报告。B错，每级上报的时间不得超过2小时。D错，自事故发生之日起30日内，事故造成的伤亡人数发生变化的，应当及时补报。道路交通事故、火灾事故自发生之日起7日内，事故造成的伤亡人数发生变化的，应当及时补报。

日期：

学习笔记